Escritos de Direito do Trabalho

Washington Luiz da Trindade

Escritos de Direito do Trabalho

Rodolfo Pamplona Filho
João Alves Neto

organizadores

Editora LTr
SÃO PAULO

Dados Internacionais de Catalogação na Publicação (CIP)
(Câmara Brasileira do Livro, SP, Brasil)

Trindade, Washington Luiz da
 Escritos de direito do trabalho / Washington Luiz da Trindade. Rodolfo Pamplona Filho e João Alves Neto organizadores. — São Paulo : LTr, 2009.

Bibliografia.
ISBN 978-85-361-1448-4

1. Direito do trabalho 2. Direito do trabalho — Brasil 3. Trindade, Washington Luiz da. I Pamplona Filho, Rodolfo. II. Alves Neto, João. III. Título.

09-07343   CDU-34:331(81)

Índice para catálogo sistemático:
1. Direito do trabalho : Brasil 34:331(81)

Produção Gráfica e Editoração Eletrônica: **FAMA EDITORA**
Capa: **ELIANA C. COSTA**
Impressão: **ASSAHI GRÁFICA E EDITORA**

© Todos os direitos reservados

LTr

EDITORA LTDA.

Rua Jaguaribe, 571 – CEP 01224-001 – Fone (11) 2167-1101
São Paulo, SP – Brasil – www.ltr.com.br

LTr 3617.4   Novembro, 2009

Washington Luiz da Trindade

Possui Livre-docência em direito pela UFBA e especialização em Negociação Coletiva (Industrial Relation Research Institute). É graduado em direito pela UFBA. Experiente na área de direito, com ênfase em direito do trabalho, atuando principalmente nos seguintes temas: Dano Moral, Economia Rural, Imagem, Contrato e Direito do Consumidor. Foi promotor de justiça, juiz de direito e presidente do TRT/BA. É professor do programa de pós-graduação em direito da UFBA. É membro do Instituto Baiano de Direito do Trabalho — IBDT; da Academia Nacional de Direito do Trabalho — ANDT; da Academia de Letras Jurídicas — ALJB; da Associação dos Magistrados da Bahia — AMB; do corpo editorial da *Revista do Programa de Pós-Graduação em Direito* — UFBA e da *Revista Eletrônica de Direito do Trabalho*. Autor de vários artigos e livros. Participante de diversos seminários, congressos e bancas examinadoras. Ganhador de muitos prêmios e títulos, sendo o mais recente, 2008, da ANDT, Medalha Arnaldo Süssekind.

SUMÁRIO

Prefácio — Rodolfo Pamplona Filho 9

Formas novas contratuais entre o trabalho precário e o voluntário 11

O préstimo do instituto da transação no cumprimento e na execução de obrigações trabalhistas 19

A avulsidade e o declínio do salariado 25

Administração direta e indireta: vicissitudes do regime jurídico dos seus ofícios, cargos e empregos 32

As normas laborais nas Constituições modernas 39

Sucessão e solidariedade em direito civil e nas relações laborais 45

A polêmica da indenização do dano moral e seus reflexos no direito do trabalho 51

Os fundamentos doutrinários da participação nos resultados 63

A natureza jurídica do trabalho a distância 70

Os mecanismos reequilibradores da despedida arbitrária 76

A isonomia homem-mulher e o trabalho gratuito 84

PREFÁCIO

O presente livro tem características bem peculiares.

Trata-se de uma coletânea de escritos do Prof. Washington Luiz da Trindade, publicados esparsamente, que o corpo discente do Programa do Curso de Pós-Graduação em Direito da UFBA — Universidade Federal da Bahia (Mestrado e Doutorado) decidiu organizar, como forma de homenagear o grande Mestre.

De fato, o Prof. Washington Trindade já superou, há muito, o mero grau de docente, constituindo-se, para seus discípulos, em uma fonte profunda de sabedoria, que emana cultura por todos os poros e recebe os aprendizes com a galhardia do mais sábio dos gurus.

Ter acesso a sua fantástica reflexão, traduzida em uma pungente e atual produção acadêmica, tem sido um privilégio de poucos, dada a sua reticência em elaborar novos livros, preferindo a análise vanguardista das articulações dogmáticas.

Tal lacuna é sanada com a publicação desta obra, que traz o que há de mais avançado na análise do Direito do Trabalho contemporâneo.

A peculiaridade ressaltada no início deste prefácio é justamente o fato de que se trata de um livro de autoria do Prof. Washington Luiz da Trindade, que foi publicado não por sua iniciativa pessoal, mas, sim, pela insistência de seus eternos alunos, que, em uma metafórica mixórdia dos papéis de garimpeiros e ourives, pesquisaram os mais interessantes textos publicados e lapidaram as formatações para as regras formais das publicações internacionais, possibilitando a um público maior o conhecimento do pensamento de um filósofo moderno do Direito do Trabalho.

Aqui, o leitor terá conhecimento do seu pensamento sobre importantes temas, como formas novas contratuais entre o trabalho precário e o voluntário, o préstimo do instituto da transação no cumprimento e na execução de obrigações trabalhistas, a avulsidade e o declínio do salariado; administração direta e indireta: vicissitudes do regime jurídico dos seus ofícios, cargos e empregos; as normas laborais nas constituições modernas; sucessão e solidariedade em direito civil e nas relações laborais; a polêmica da indenização do dano moral e seus reflexos no direito do trabalho; os fundamentos doutrinários da participação nos resultados; a natureza jurídica do trabalho à distância; os mecanismos reequilibradores da despedida arbitrária; e a isonomia homem-mulher e o trabalho gratuito.

E, dada a incessante produção acadêmica do autor e homenageado, não se tem dúvida de que a jazida é inesgotável e, brevemente, a comunidade jurídica baiana, brasileira e internacional poderá ter a oportunidade de conhecer outros produtos da sua privilegiada inteligência.

Rodolfo Pamplona Filho

Juiz Titular da 1ª Vara do Trabalho de Salvador/BA (Tribunal Regional do Trabalho da Quinta Região). Professor Titular de Direito Civil e Direito Processual do Trabalho da Universidade Salvador – UNIFACS. Professor Adjunto da Faculdade de Direito da UFBA – Universidade Federal da Bahia. Professor da Pós-Graduação em Direito (Mestrado e Doutorado) da UFBA. Coordenador do Curso de Especialização em Direito e Processo do Trabalho do JusPodivm/BA. Mestre e Doutor em Direito do Trabalho pela Pontifícia Universidade Católica de São Paulo. Especialista em Direito Civil pela Fundação Faculdade de Direito da Bahia. Membro da Academia Nacional de Direito do Trabalho e da Academia de Letras Jurídicas da Bahia.

FORMAS NOVAS CONTRATUAIS
ENTRE O TRABALHO PRECÁRIO E O VOLUNTÁRIO

1. PRÓLOGO À TEORIA DAS FORMAS NOVAS

Para compreender o aparecimento de formas novas contratuais no teatro das crises sociais, que fazem trepidar os últimos dez anos do século, será preciso repensar o arcabouço jurídico das relações industriais, fundado no princípio da *mais-valia* de que o trabalhador subordinado, o operário, *produz sempre mais do que ele custa ao patrão.*

Não são poucos os doutores das Humanas que o dizem, como *Norman Bailey*, professor da Columbia University, de que é uma fatalidade a que não pode fugir o homem ao assentar o lucro no trabalho mal pago. Igualmente o fez o ilustre *Barbash* ao estudar a contribuição de *John R. Commons* ao lado do pensamento de *Marx* e de E. Mayo, que erigiram o trabalho, cada qual ao seu modo, como o tema verdadeiro e apropriado às suas teorizações.

Commons, *Mayo* e *Marx* representam, no juízo de *Barbash*, o fundamento das relações industriais no mundo ocidental e, de tal importância, que em todos eles o antagonismo dessas relações figura como tema central, normal e não patológico na convivência humana[1].

A ideia de que o operário é um cidadão que desempenha uma função social, que ele não é apenas um *voz rouca* no concerto estridente das máquinas e das fábricas, abriu caminho para a inversão da parêmia da mais-valia, pois o seu trabalho, cooptado pelo patrão de modo exclusivo, passou a ter valor igual ou superior ao que produz. Em dado momento, a mais-valia e o trabalho subordinado rolaram do seu pedestal, já decorridos quase cem anos da descoberta do contrato de trabalho por *Philip Lotmar*[2].

Tal inversão explica a mudança que, simplistamente, atribuímos a uma expressão indeterminada, multifacetada, que rubricamos de *crise econômica*, trazendo no seu ventre o "monstro multiforme e órfão" do desemprego.

---

(1) Cf. HACKER, Louis. *American capitalism,* published by Van Nostrand Inc. New Jersey, 1957. V. do autor deste artigo As ideias do Sr. Bailey, *A Tarde*, ed. de set. 1962. Cf. BARBASH, Jack. John R. Commons e lê teorie delle relazione industriali, *GDLRI*, diretto da Gino Giugni, Milano, Franco-Angeli Ed., n. 47, anno XII, 1990, 3, p. 523-4.

(2) Cf. RAMM, Thilo. I Contrati di Tariffa di Philip Lotmar: Introduzione, *GDLRI*, diretto da Gino Giugni, n. 22, anno VI, 1984, p. 301; também, no mesmo número, I Contratti di Tariffa tra Datori e Prestatori di Lavoro, de Philip Lotmar, condensado por Lorenzo Gaeta, em italiano, p. 313.

Se *Ruy Barbosa* fosse vivo, diante da aparição, teria adivinhado a sua inextrincável formação e diria perplexo: "nem duas frutas mais inconhas nem dois fetos do mesmo parto mais gêmeos"[3].

Em verdade, a cada revolução tecnológica (máquina a vapor, automação) sucedem ondas de desemprego, e o fato já era notado pelos velhos escritores.

No instante em que, sem revolução tecnológica apreciável, nota-se o crescendo do desemprego, certamente o cerne da questão social toca mais sensível, anterior e superior à mais-valia, no princípio hedonístico, em que o homem tende a alcançar o máximo de satisfação com o mínimo de esforço ou perda.

O que se observa no noticiário das fontes de informação é o processo de despedimentos sem o correspectivo de mudança tecnológica. As empresas mantêm os métodos de produzir, a técnica de fazer, com o menor número possível de empregados.

Ao mesmo tempo, nota-se aumento de produção, melhoria de qualidade no produto final, maior velocidade de comercialização.

O fenômeno traduz, sem dúvida, o predomínio hedonístico do máximo de rendimento com o mínimo de aplicação, a partir de quando, frente a obrigações inegociáveis e indisponíveis, o salário direto pago ao operário, somado a tais obrigações, equivale ao que ele produz. Por outros termos, *quantidades iguais com sinais contrários destroem-se...*

O clássico *Franz Oppenheimer*, deslumbrado com as ciências biológicas, já havia notado que nenhum ser vivo subsistiria se, na busca indispensável à sua nutrição, dispendesse uma soma de energia superior à necessidade sentida; até porque a possibilidade de triunfar é a diferença entre o *meio* empregado e o *resultado* obtido, entre a *mais-valia* do menor esforço e a necessidade satisfeita[4].

O professor *José Pastore*, da USP, observa que o grande problema é superar a rigidez legal, no tripé das regras pétreas (CF, CLT e Justiça do Trabalho), na transferência da mão de obra ociosa para o mercado de empregos. Para fazer "essa travessia a lei atual cobra um 'pedágio' de 102%, o que inviabiliza a viagem"[5].

Daí, portanto, o aparecimento de formas novas, de modos novos de trabalho gerando ocupação sem o benefício legal do emprego.

Igualmente, pondera o professor da Universidade de Constanz, *Ralf Dahrendorf*, sobre o paradoxo de uma sociedade que tanto tem a fazer e a produzir e, no entanto, oferece índices alarmantes de desemprego. A verdade é que, mesmo entre os desenvolvidos e industrializados, a relação inversa entre inflação e desemprego deixou de existir; inclusive o *índice natural de desemprego,* de Milton Friedman, não causa apreensões até o ponto em que tal índice obrigue a Economia a criar ocupações ou *não empregos* que acomodam pessoas ociosas[6].

---

(3) V. Corsíndio Monteiro da Silva, *Universo verbal de Ruy,* ed. Senado Federal, 1977.

(4) Cf. do autor do artigo *As teorias da utilidade e os fundamentos da ciência econômica,* Imp. Of. Da Bahia, 1961, p. 95-6. V. PASTORE, José. Limites e virtudes da flexibilização, *J. T. Brasília,* n. 599, p. 324, mar. 1996.

(5) *Idem, ibidem.*

(6) Cf. HUMBOLDT. *A sociedade do trabalho,* Munique, n. 46, p. 86-9 e n. 47.

Assim, o dilema é, para o trabalhador, ter ou não ter o que fazer no atendimento de suas necessidades, e, para o empresário, dispor ou não dispor de mão-de-obra segundo o princípio do máximo de satisfação com o mínimo de dispêndio.

2. O TRABALHO EM MUTAÇÃO E A ESCOLHA DO CONTRATO

Recentemente, dois juristas franceses, *Jean-Emmanuel Ray* e *Paul-Henri Mousseron*, observam que um jovem procura trabalho nos dias atuais e seus pais, com a mesma idade, não tinham, no plano jurídico, pontos em comum. Enquanto o primeiro corre o risco de reunir-se, por vários meses, aos milhões de pessoas que procuram emprego antes mesmo que lhe proponham um *que-fazer* como o modo mais corrente de ocupar-se, seus pais não só conheceram um número pequeno de desempregados como a empresa que os contratava o fazia por um contrato de tempo indeterminado e por jornada integral[7].

A observação vale por uma mutação no fenômeno laboral, indicando que o trabalho, como causa do contrato *(Diensvertrag)*, está cedendo lugar ao trabalho específico ou tarefa, material ou imaterial *(Werkvertrag)*, como o resultado desejado ou a causa do contrato *(Eifolg)*. A prática indica uma participação maior do trabalho ocasional, temporário, "periférico", parassubordinado, sem inserção na empresa mas a ela servindo, independizado, autônomo e até mesmo voluntário, com acentuada simplificação na folha de pagamento. O fenômeno já foi estudado com prioridade na década anterior por Gino Giugni, na Itália, e, na Espanha, por uma equipe de juristas que o trataram sob o título de *Movilidad dei Trabajo*[8].

Em geral, os mestres da Civilística dizem que a atividade, que numa obra ou ocupação se completa num lapso de tempo, é uma empreitada, mesmo que tenha de realizar-se em prestações repetidas, periódicas ou em série.

Ao reconhecer-se a empreitada pelo *resultado* e não pela prestação do serviço, estaria aí o traço distintivo com o contrato de trabalho cujo objeto será, pelo contrato, a apropriação do trabalho para os fins empresariais, independentemente de obra, encomenda ou serviço específico.

A dificuldade teórica já aparecia com a Lei n. 6.019/74, em que a solução proposta como trabalho temporário ficava próxima da figura civil da empreitada, visto que, na prática, as prestadoras de serviço são chamadas *empreiteiras*[9].

Na verdade, a figura proposta na Lei n. 6.019/74 corresponde ao contrato de *fornecimento de mão de obra*, nos termos indicados no referido texto.

---

(7) Cf. *Droit du travail drit vivant*. Paris: Liaisons, 1991, p. 45. Os Autores usam a expressão *petit boulot*, como pequenos trabalhos ou tarefas. Em sentido popular, no Brasil, "bicos".

(8) Cf. Il Diritto del Lavoro negli anno 80, *GDLRI*, n. 20, anno V, 1983; v. também publicação da Confederación Española de Organizaciones Empresariales, Madrid, 1983, de Rodriguez Piñero y Bravo Ferrer.

(9) Cf. do autor do artigo Os caminhos da terceirização, *J. T. Brasília*, n. 416, p. 871, ago. 1992.

Ainda sob outro ângulo, o trabalho temporário da Lei n. 6.019/74 pode configurar o contrato de *oferecimento de serviço de terceiro,* já que a avença é operacionalizada entre a empresa prestadora e a empresa tomadora dos serviços contratados. O trabalho, geralmente, é contratado em bloco ou, vulgarmente, *pacote,* em que os obreiros da prestadora é que executam o serviço ou a obra conforme o r*esultado* a ser atingido pela tomadora. As semelhanças são grandes com a figura civil da empreitada, porque nesta supõe-se uma *obrigação de fazer,* pela figura do oferecimento de serviço de terceiro. Na realização de uma obra opera-se uma *dação de coisa,* bem material, cujo resultado alcança o fim da empresa tomadora.

Pelo exposto, o *pacote* de serviço específico ou para a realização de uma obra, além do tempo prefixo na lei, é um ato fictício, no âmbito empresarial, porque descondicionado do modelo celetista, tendendo visivelmente para uma forma nova de âmago civil, semelhante à empreitada.

Já na figura tratada na Lei n. 9.601/ 98, sancionada com o veto ao § 3º do art. 1º, o trabalho a tempo certo supõe um *ato coletivo,* porque apenas instituído por convenção ou acordo coletivo. Apesar de apresentar mais tipicidade nas relações trabalhistas, o veto visou a restringir a prática do contrato por tempo determinado na hipótese de empresa que conte menos de vinte empregados. Tal restrição, no caso de inexistir sindicato ou na recusa para o ato negocial coletivo, conflita, visivelmente, com a CLT, que dispõe de solução equânime, no art. 617, § 111, *in fine.* A limitação imposta pelo veto presidencial não impede que a cesura feita na Lei n. 9.601/98 seja ultrapassada pelo dispositivo consolidado por via de contrato precário entre determinada empresa e um grupo de trabalhadores, para a realização de "obra (em que) pode contribuir para ela ou só com seu trabalho, ou com ele e os materiais" (C. Civil, art. 1.237).

3. AS MODALIDADES DO PRECÁRIO

Em dez anos, pelos informes do SINPER (Sind. das Indústrias Petroquímicas da Bahia), os empregos diretos no Pólo Petroquímico de Camaçari despencaram de dezoito mil para seis mil. A diferença seria intolerável se, diretamente proporcional, fosse aberto um "gap" nos postos de trabalho, nas ocupações, nos colocamentos de trabalhadores sem correspectivo preenchimento da lacuna. Contudo, uma boa parte desses servidores retomaram ao Pólo pela *engenharia* negocial das prestadoras de serviço[10].

Jean Boissonnat, recentemente, lembra que há *outra maneira de trabalhar* adventícia do clássico trabalho subordinado, pelos contratos atípicos de trabalho, bem assim o exercício de atividade socialmente útil, trabalho autônomo, independizado ou temporário[11].

---

(10) V. *Tribuna da Bahia,* ed. de 21-4-1998.

(11) V. *LTr, 62(3):* 323, 1998.

Autores nacionais da autoridade de *Sayão Romita* e *Bueno Magano* já se debruçaram sobre o tema, cada qual ao seu modo e segundo as peculiaridades do Direito brasileiro[12].

Um professor da Universidade de Estocolmo, *Ronnie Eklund*, mira a questão sob o ângulo do serviço público em países do norte-europeu e o trabalho a tempo determinado.

A pesquisa marca o ponto de partida na Suécia, em 1993, da desregulamentação do trabalho em relação ao monopólio do emprego público, com o caso *Macroton GmbH, Case C-41/90*, na Corte de Justiça Europeia.

Neste caso e a partir dele as agências de trabalho temporário agem como fornecedora de mão de obra temporânea, através de contrato específico, chamado *labour only contracting* ou *appalto de mere prestazioni di lavoro*.

A relação instaura-se triangularmente, de modo que os trabalhadores executam sua tarefa sob a autoridade do tomador-utilizador, que não é parte no contrato de trabalho com a agência de trabalho temporário.

Numa segunda hipótese, os trabalhadores são *autônomos (self-employed persons)*, ainda que, a despeito da relação independizada, de aparência formal, a sua ocupação *dependa* da demanda de serviço do tomador principal.

Uma terceira hipótese surge com o *job contracting*, espécie em que o contrato é de bens e serviços, assumindo o contratado o risco da atividade e fornecendo sua equipe, equipamentos e instrumentos e local de sua escolha para a prestação do serviço.

O sistema de desregulação do trabalho é conhecido também na Dinamarca, Noruega e Finlândia, em cujos países existe um elevado grau de uniformidade legislativa para os setores de contrato de atividade laborativa *(contracting out)*.

Afirma o citado prof. *Eklund* que a tendência nesses países é a formação de "atividade satélite" ou função periférica, esta última expressão mais usada na obra de *Ray* e *Mousseron*, já citados. O fenômeno jurídico da flexibilização das relações laborais decorre, assim, do industrialismo moderno, que, diferentemente do modelo clássico de uma cadeia de produção fechada, prefere a força-trabalho "externalizada" ou periférica.

A tendência é observada na Dinamarca desde 1990, desde a lei reguladora do serviço burocrático *(Functionaerlove, white-collar Servants Act)*, que impunha no setor a contratação a termo ou prazo.

Na Noruega, o sistema das agências de emprego temporário é estimulado pela Associação de Agências de Trabalho Temporário *(VBF - Vikarbyraforeningen)*, que utiliza um modelo de contrato de trabalho externo ou periférico.

Na Finlândia, existe o sistema, adotado desde um contrato coletivo nacional, em 1969, mas a linha mestra do ato coletivo é o limite da mão de obra externa em geral, que fica na dependência de *autorização*, inclusive para o fornecimento de mão de obra para trabalho em outro país3[13].

---

(12) Cf., respectivamente, *J. T. Brasília*, n. 706, p. 409, abr. 1998; *J. T. Brasília*, n. 698, p. 202, fev. 1998.

(13) Cf. EKLUND, Ronnie. Collocamento pubblico e lavoro temporaneo nel nord Europa, trad. Mirella Ruggiero, *GDLRI*, n. 75, 1997, 3, p. 479.

Na França, observam *Ray* e *Mousseron*, já citados, que a norma é o contrato a tempo indeterminado, que não é obrigatoriamente escrito. Em se tratando de contrato a tempo parcial ou determinado, bem assim todos os contratos atípicos, são escritos para que fiquem bem definidas as obrigações e os direitos.

O contrato ou *lettre d' embauche,* em sendo a prazo, conhecido pela sigla CDD, é prestimoso para experiência ou prova. Hoje, com a mutação econômica dos anos 70/80, o precário atende às formas extremamente diversas do fenômeno da *exteriorização* do emprego ou ocupação, quando se trata de *franchising,* mandato, linha de montagem e outras atividades que podem ser executadas por outras empresas ou pela mão de obra terceirizada.

Ainda observam argutamente que o contrato a tempo certo difere, em sua ausência jurídica, do contrato temporário, interino, de fornecimento de mão-de-obra. No caso do CDD (*contract à durée determinée*), o assalariado é um empregado da empresa-*leasing,* prestadora de serviço. A tomadora ou empresa utilizadora, não tem liame com os servidores à disposição da qual é colocado[14].

Nota-se, pois, uma grande semelhança com a legislação brasileira, seja ao tempo da Lei n. 6.019/74 e da recente Lei n. 9.601/98, seja quanto ao aparecimento de formas negociais atípicas distanciadas do modelo de trabalho subordinado, tipicamente celetista.

Na Itália, a pesquisa mais recente devida ao professor Pietro Ichino, da Universidade de Milão, prende-se ao processo de inserção do trabalhador na empresa tomadora, quando esse engajamento se faz por empresa intermediária, ora referindo-se a uma atividade do setor produtivo a que pertence a tomadora, ora relacionada com a sua atividade interna, sua linha específica de produção[15].

Na mesma senda o estudo de *Silvia Ciucciovino,* especialista em trabalho europeu, em busca da natureza jurídica do *trabalho socialmente útil,* que emerge das relações de trabalho diversas das que nascem do modelo típico do emprego privado ou trabalho subordinado. Em muitas hipóteses, nem sempre o socialmente necessário corresponde ao socialmente útil, como pode ser observado em algumas economias ou em certos períodos econômicos de desarranjo social e político, quando são criados muitos *não empregos* burocráticos em que as pessoas ociosas são pagas para ocupá-los.

Entre nós um exemplo frisante é a criação de *frentes-de-trabalho* entre os flagelados da seca nordestina. Na grande depressão americana, o iluminado *John Keynes* recomendara fazer algo mais, mesmo que fosse como "plantar garrafas" e, assim, aquecer a economia combalida[16].

---

(14) Cf. *op. cit.* p. 45, 50 e 55.

(15) Il Lavoro Interinale e gli Altri Varchi nel "Muro" del Divieto di Interposicione, *GDLRI,* n. 75, 1997, 3, p. 503, Milano, Franco-Angeli Ed.

(16) Cf. Sulla Natura Giuridica dei Lavori Socialmente Utili, *GDLRI,* n. 74, 1997, 2, p. 265. V. também de Alvin Toffler, Previsões de premissas, 1984, Discurso do autor do artigo na abertura das III Jornadas Luso-Hispano-Brasileira, em Salvador, de 17 a 18 de maio, de 1984, nos *Anais* respectivos.

4. O TRABALHO VOLUNTÁRIO

Entre o *necessarium vitae* e o *necessarium personae*, entre as necessidades vitais e as necessidades complementares, existe um espaço amplo em que o necessário e o útil flutuam, ocorrendo criações na multifária realidade humana.

Em muitas situações jurídicas, o voluntário tem sido tachado de variante do trabalho escravo pelo traço dominante de falta de retribuição em metálico.

Mas evidentemente não há confundir trabalho escravo, que é exercido contra a vontade do trabalhador, e o voluntário, predominantemente realizado sem pagamento de salário, mas observado o postulado da liberdade no engajamento.

Os setores mais exigentes na defesa dos direitos individuais aproximam o trabalho não pago a tratamento degradante (CF, art. 5º, inc. III). Mas existe diferença essencial com o trabalho forçado, porque no voluntário o trabalhador dispensa a remuneração direta, em dinheiro, e no trabalho forçado, o não pagamento de salário é, antes, violação da liberdade de trabalhar.

A discriminação da mulher em três quartas partes do mundo se faz, precisamente, pelo trabalho não pago, ainda que exibindo a forma voluntária do que a forma de trabalho coativo. Assim, ocorre na agricultura, no trabalho de equipe, em que o chefe de família recebe salário pelo seu trabalho e dos membros da família, incluindo-se aí não apenas as esposas ou companheiras, mas as filhas e os filhos de ambos os sexos em idade proibida de trabalhar. Aqui, a *zone-grise* com o trabalho forçado é de difícil demarcação, porque se trata de seres humanos em menoridade mental e social [17].

O trabalho exercido em confrarias e conventos, em que o trabalhador tem o comando de sua vontade, é voluntário, ainda que não remunerado diretamente. Existe nesses casos de votos religiosos uma remuneração indireta de alimentação e habitação (*necessarium vitae*) e retribuições indiretas, complementares (*necessarium personae*), tais como respeito à vocação, segurança, consideração pública, reputação e resguardo da personalidade.

É o que ocorre com as freiras *sepolti vivi*, frades dominicanos, beneditinos, membros do CIMI, das "ongs", voluntários de todos os matizes.

Em tais casos preserva-se a vontade, a liberdade de ir e vir. Já no *trucksystem* a atividade aproxima-se do trabalho escravo ou das formas mais atenuadas dos econômatos, expressão devida ao jurista laboralista espanhol, *Carlos Garcia Oviedo*[18].

Nesses casos, comuns no interior do Brasil e em outros países, a OIT aprecia e estuda recomendações e convenções que alcancem, pelo menos, até 2013, o pagamento em dinheiro do trabalho da mulher casada ou membro de unidade familiar estável, como doméstica, ou da micro-empresa familiar[19].

---

(17) Note-se o que ocorre com menores engajados como guia turístico, em que a retribuição do seu trabalho é indireta, geralmente pela forma da gorjeta.

(18) Cf. *Derecho Social, tratado elemental*, Madrid, lib. Gen. De Victoriano Suarez, p. 195. No Brasil é o conhecido "barracão".

(19) V. do autor artigo O trabalho como discriminação da mulher, *Ciência Jurídica*, n. 6, jun. 1987, Salvador, Ciência Jurídica Ltda.

Com o seu traço conspícuo de trabalho sem remuneração direta, o contrato de transporte solidário, conhecido como *boléa* (Portugal), *hitch-hiking* (Estados Unidos) e *carona* (Brasil), em dado momento, não é apenas o favor, a cortesia masculina, mas uma ocupação ou um *que–fazer* que redunda em vantagem econômica indireta, como o pagamento a critério do contratado para atender às despesas de combustível[20].

Em todos os casos tratados e lembrados, aparece o trabalho socialmente útil como uma ocupação nem sempre diretamente remunerada, mas com capacidade para preencher o espaço em branco do desemprego.

Com o exposto, as conclusões são as seguintes:

I — Entre os anos 70/80, independentemente das revoluções tecnológicas e científicas, em cuja caudal aparece uma onda de desemprego, ocorreu uma perda de posição da mais-valia, quando o trabalho passou a custar mais do que ele é capaz de produzir.

II — Essa inversão da mais-valia chegou ao limite matemático de que o gasto com empregados é maior que o resultado, desaquecendo o trabalho subordinado.

III — Ocorreu assim a mutação nos modos de produzir capitalistas, fazendo aparecer o desemprego e as formas novas contratuais.

IV — Dessas dezenas de formas novas, o precário e o voluntário ainda oferecem dificuldade teórica para a fixação de sua natureza jurídica.

V — Ainda são incertos os passos para o enquadramento jurídico das formas novas que, certamente, já divisam um novo Direito do Trabalho.

---

(20) Do autor, Transporte solidário ou como pedir e dar carona, *A Tarde,* ed. de 30-5-1977. Na 2ª Guerra Mundial, os ingleses concediam ao condutor do veículo um incentivo de *ração suplementar de gasolina.*

O PRÉSTIMO DO INSTITUTO DA TRANSAÇÃO NO CUMPRIMENTO E NA EXECUÇÃO DE OBRIGAÇÕES TRABALHISTAS

1. Se algum dia fosse tentado a escrever um livro sobre obrigações (e não ouso fazê-lo), tomaria como epígrafe do in-fólio o pensamento do Padre *Antônio Vieira*, síntese admirável de uma lição de Direito, quando diz: "Quem fez o que devia, devia o que fez, e ninguém espera pagar por pagar o que deve"[1].

Tão alto pensamento não traduz apenas o vínculo interino de natureza econômica que une o credor ao devedor, mas, sobretudo, a libertação do devedor, o rompimento do liame que ameaça o desfalque no patrimônio. É um momento de liberação, em que se afirma a ideia de que ninguém "paga apenas por pagar", senão que espera a inestimável compensação e o alívio da dívida extinta.

Foi com sabedoria que *Kelsen* exprimiu a mesma verdade ao dizer: "Vistas as coisas através do prisma do conhecimento racional, só há interesses e, portanto, conflitos de interesses, cuja solução se obtém por meio de um preceito que satisfaz um interesse à custa de outro ou estabelece uma compensação, um compromisso entre interesses opostos... porque o conhecimento só depara com o direito positivo"[2].

Por isso que na gênese das obrigações está o dever, último impossível na escala dos impossíveis não alcançados pelo Homem, que se transfigura, na concepção dos juristas, sob as vestes de *vínculo jurídico, função jurídica, fórmula de procura, situação temporária, poder de acionalidade, crédito, meio técnico de prevenir a privação do ganho*.

Daí resulta que, na teoria do pagamento, só há mesmo duas soluções, como acenou *Kelsen*: ou a extinção do débito em metálico ou o cumprimento da obrigação por compensação, compromisso, novação, confusão, solidariedade, transação e outras subespécies bem definidas na lei civil.

2. De fato, os juristas estão acordes de que a liberação do devedor ocorre com a execução, isto é, satisfeita a prestação, extingue-se o vínculo, acaba o dever simplesmente: *"quem fez o que devia, devia o que fez"*. Esse cumprimento da obrigação, juridicamente, chama-se *pagamento*, pagamento direto ou execução voluntária da

---

(1) Cf. CASTRO, Vieira de. *Discursos Parlamentares*, tipografia da *Gazeta de Portugal*, Lisboa, 1866.
(2) *Teoria pura do direito*, trad. Fernando de Miranda. São Paulo: Livraria Acadêmica, 1939. p. 19.

obrigação[3]. Geralmente é feito em dinheiro, denominador comum de todos os valores materiais.

Na outra alternativa, os modos de extinção das obrigações correspondem às formas de pagamento indireto, que variam das formas acima indicadas até à *extinção sem pagamento*, pela prescrição, por certas impossibilidades sem culpa do devedor ou a execução forçada em razão de sentença.

Mas a questão controvertida, para a qual não há ainda consenso, é a relativa à natureza jurídica do pagamento, aparentando ser, para uns, negócio jurídico unilateral ou bilateral, e, para outros, um fato ou um ato devido.

Os que enxergam a natureza negocial do pagamento têm como um contrato, situação bem nítida em casos de transação e novação, dação em pagamento, acordo amigável.

Já em outras figuras, o negócio não é bilateral, porque a extinção da obrigação pode ocorrer sem o concurso do devedor, como no caso da novação passiva por expromissão.

A corrente liderada por *Carnelutti* considera-o "ato devido", vale dizer, "ato vinculado que precisa ser praticado para extinguir uma relação jurídica. A atividade do sujeito tende a esse fim... tem, pois, necessidade jurídica de realizá-lo por estar vinculado a um dever, a cujo cumprimento pode ser compelido judicialmente"[4].

Na verdade, qualquer tratamento unitário e exclusivo não abrangerá a complexidade do conteúdo das obrigações, para defini-Ias, categoricamente, como *fato, negócio e ato devido*. A resposta mais consentânea com a civilística moderna conduz a admitir que o pagamento é um ato complexo, dependendo da natureza e da qualidade da obrigação e de quem a executa, mas trazendo no seu cerne a *atribuição liberatória* do devedor.

Tanto é assim que a figura proteiforme da transação, como modo de pagamento indireto, participa, na dependência de condições e circunstâncias, da natureza de contrato (negócio bilateral), de *fato* que extingue a obrigação realizando seu conteúdo ou de *ato devido* ou vinculado, na dependência da qualidade do devedor, sobretudo quando este é o Estado. Nessa qualidade, a Medida Provisória n. 1.561-4, de 15.4.1997, no seu art. 111, diz que o Advogado Geral da União e os dirigentes máximos das autarquias, fundações ou empresas públicas federais poderão autorizar a realização de acordos ou transações, em juízo, para terminar o litígio, nas causas de valor até R$ 50.000,00 (cinquenta mil reais), a não propositura de ações e a não interposição de recursos.

---

(3) Cf. LOPES, Miguel Maria de Serpa. *Curso de direito civil*, v. II, p. 210; no mesmo sentido, SPINOLA, Eduardo. *Garantia e extinção das obrigações*, p. 8; GOMES, Orlando. *Obrigações*. 6. ed. Rio de Janeiro: Forense, 1981. p. 105.

(4) Cf. GOMES, op. cit., p. 110; v. também OLIVEIRA, José Lopes de. *Curso de direito civil*. 2. ed. São Paulo: Sugestões Literárias, 1982, v. *Obrigações*, p. 84.

Em caso de valores superiores, o ato depende de autorização do Ministro de Estado competente e, finalmente, admite a homologação de acordo para pagamento de igual quantia até R$ 50.000,00, mediante parcelas mensais sucessivas até o máximo de trinta[5].

Toda essa multifária realidade é estudada pelos civilistas que não negam a aparência contratual da transação, como ato negocial que se forma sobre uma obrigação assumida. Na verdade, a obrigação não se converte em transação, mas é esta que se forma para extinguir a obrigação indiretamente. Apesar de o Código Civil ter elencado a transação entre os modos de extinção das obrigações, sob a forma de pagamento indireto, a sua mais visível estrutura é a de um ato contratual. Tal é a lição de *Orlando Gomes*, ao dizer que "há, por fim, contratos que se estipulam especificamente para extinguir obrigações. Outro efeito não tem a transação. Poderiam incluir-se nesse grupo a novação e a dação em pagamento"[6].

O egrégio *Clóvis Bevilacqua* define a transação, sob essa base contratual, como "um ato jurídico, pelo qual as partes, fazendo-se concessões recíprocas, extinguem obrigações litigiosas ou duvidosas"[7].

O direito anterior, consolidado por *Teixeira de Freitas*, tratava a transação como um contrato e tornou-se corrente esse posicionamento em muitos códigos modernos. Lembram os juristas que a *solidariedade passiva*, criada pela vontade das partes e até mesmo pela Lei, soluciona-se inclusive pela transação. É também pela transação que se opera a extinção parcial de obrigações indivisíveis, se um dos credores perdoa a dívida ou concorda em receber outra prestação que não a estipulada. Na liquidação de obrigação por ato ilícito ou delitual ocorre a *composição amigável*, em que os interessados, prevenindo a demanda judicial, compõem seus interesses por transação, inclusive para extinguir a ação de indenização[8].

Por fim, os escritores do nosso direito civil reconhecem que a transação, pela natureza convencional, admite a cláusula penal, para os casos de mora e inexecução do pactuado.

3. No Direito do Trabalho, recepcionado pelos consolidadores, a transação não encontrou espaço em branco suficiente para os acordos individuais, frente ao princípio da indisponibilidade dos direitos, nascidos da Lei e tutelados pelo monopólio estatal da jurisdição. Daí a afirmativa de alguns quanto à imprestabilidade da transação nas relações laborais. Mas a afirmativa merece ser ponderada, contendo meia verdade, porque a transação, exprimindo concessões recíprocas, renúncia de direitos de parte a parte, não se ajustaria bem ao referido princípio da indisponibilidade dos direitos assegurados ao empregado.

---

(5) V. *Revista Gênesis*, n. 52, abr. 1997. p. 591.
(6) *Obrigações*, op. cit., p. 106.
(7) *Código Civil*, v. IV, p. 176.
(8) Cf. GOMES, op. cit., Capítulos 50, 57, 67, 94, 143, 222 e 225.

Em várias oportunidades, no texto consolidado, falou-se em *acordo e conciliação*, cabíveis a qualquer momento processual ou mesmo como acertamento preliminar de qualquer demanda. O art. 477, § 22, trata de quitação sobre "qualquer que seja a causa ou forma de dissolução do contrato". O art. 764, imperativamente, sujeitou os dissídios à conciliação. De igual modo, os arts. 831, 835, 847, 848, 876 e 884, § 12, dispõem sobre o assunto. A própria Constituição Federal de 1988 abre caminho para a conciliação, conforme o art. 114.

Com certeza, o legislador previu as hipóteses de *res dubia*, no direito afirmado de relação de emprego na fronteira viva, na *zone grise*, dos contratos atípicos; nas formas "larvadas" de relação de trabalho parassubordinado, adventício, autônomo, temporário e quantos outros contratos novos gerados na mundialização da economia, nas crises regionalizadas e de figuras contratuais afins do contrato de emprego típico.

Para dirimir as dúvidas sobre a natureza laboral subordinada de tais contratos a transação não viola o princípio da indisponibilidade.

Em casos de flagrante delito praticado pelo obreiro, o acordo para romper o contrato tem a forma e a figura de transação.

Na sentença passada em julgado, quando o empregado já tem o direito no seu patrimônio, é lícito encerrar o litígio pelo perdão ou pela conciliação.

Instalada a lide, que não supõe dúvida na relação de emprego, os direitos pleiteados não comportam transação, mas conciliação, que, em havendo, refere-se apenas ao aspecto quantitativo da demanda, o seu *quantum debeatur*. Jamais a renúncia ou o despojamento de direito criado pela Lei. Daí ser jurisprudência antiga, amparar-se a conciliação num limite mínimo de composição amigável, geralmente o equivalente a dois terços do quanto devido. Não há, pois, contradição ou impossibilidade jurídica. A CLT ainda tratou da compensação, como matéria de defesa, permitindo o pagamento indireto de parte a parte, quando as dívidas forem de igual natureza entre os interessados, com as .características de reciprocidade, liquidez, exigibilidade e fungibilidade[9].

Na *dação em pagamento* existe, ínsita, uma transação. De fato, o credor (*empregado*) aceita outra prestação que não seja dinheiro, mediante acordo, geralmente feito na fase de arrematação do bem do devedor (*empregador*) penhorado para cumprimento forçado da obrigação. A dação em pagamento extingue a obrigação. Contudo, pode ocorrer que a coisa recebida em pagamento não seja propriedade do devedor. Neste caso, a Doutrina e a Lei protegem o credor que for evicto, restabelecendo-se a obrigação e tornando ineficaz a quitação. É o que decorre do art. 998 do Código Civil e da Doutrina mais aceita de que, na dúvida, a dação em pagamento é in *solvendum* e não in *solutum* [10].

---

(9) V. arts. 767 da CLT e 1.013 a 1.019 do Código Civil.

(10) SANTOS, V. J. M. de Carvalho. *Código Civil brasileiro interpretado*. Freitas Bastos, v. XIII, p. 146.

Também não cabe transigir com dação em pagamento sobre coisa ou bem que não seja atual. No magistério de Caio. *Mário da Silva Pereira*, caso verse sobre coisa futura ou o compromisso de entregar coisa no futuro, importa em criar-se outra obrigação que mais se ajusta a uma novação, seja pela extinção da primitiva obrigação, seja a substituição pela nova, até completa execução"[11].

No tocante ao disposto na Medida Provisória n.1.561-4 (*DOU*, 16.04.1997, p. 7529), já se percebe a impropriedade da expressão "acordos ou transações", porque de referência a direitos indisponíveis não há que discuti-los ou compô-los amigavelmente, senão e apenas o *quantum debeatur* que comporta acordo ou conciliação, mesmo estando a causa em juízo.

Se, com efeito, a MP pretendeu terminar litígios em causas de valor até R$ 50.000,00 (cinquenta mil reais) já ajuizadas, só há que falar em concessões mútuas, situação que supõe contrato ou acordo entre a partes para terminar uma demanda, salvo quanto a direitos indisponíveis. Os juristas ensinam, com apoio no art. 1.027 do Código Civil, que "a transação interpreta-se restritivamente de direitos. Por ela não se transmitem, apenas se declaram ou reconhecem direitos"[12]. Assim, há que se entender que a finalidade da transação não é tornar incontestável a situação jurídica preexistente incerta e duvidosa, mas terminar ou encerrar litígio. No caso, a Fazenda Pública não garante à parte autora os direitos que a esta reconheceu, tal como, ao pagar certa quantia para encerrar a demanda, esteja admitindo a relação de emprego para outros efeitos. Daí por que, ao terminar um litígio, a transação tem efeito de coisa julgada, mas não é coisa julgada.

Já o acordo compreende a integralidade da relação jurídica em debate e transmite direitos ao demandante ou credor, porque a sentença que o homologa faz coisa julgada. A composição amigável em tais casos, ainda que pecuniariamente inferior ao valor legal, só diz respeito ao aspecto quantitativo da causa.

4. Admiti, em recente trabalho, que formas novas contratuais, convizinhas do contrato de emprego, abrem caminho para cortar o último elo que resta para ultrapassar a indisponibilidade teórica e artificial dos direitos do obreiro. O avanço da cláusula compromissória, nos termos da Lei n. 9.037, de 1996, vai chegar aos conflitos individuais do trabalho, reanimando a transação como processo de cumprimento e execução de obrigações laborais.

Paralelamente, com o amofinamento da Justiça do Trabalho, seja pela morosidade na solução dos litígios, seja pelo juízo arbitral da referida Lei n. 9.037/96, a indisponibilidade vai ceder a tais imperativos sociais e econômicos, com aplicação harmoniosa e supletiva do art. 769 da CLT a dispositivos da nova lei processual civil e de outros textos de direito civil material. Daí, sem dúvida, a interpretação ampliativa do art. 876 da CLT, enquanto não tiver seu texto modificado,

---

(11) Cf. *Instituições de direito civil*. Rio de Janeiro: Forense, 1981, v. II, p. 193-4.
(12) Cf. OLIVEIRA, José Lopes de. *Curso...*, p. 163.

será uma exigência do bem comum para atender às necessidades inadiáveis das conjunturas[13].

5. As conclusões são as seguintes:

I — A transação, como modo de extinção de obrigações, é incompatível com a regra da indisponibilidade dos direitos insculpidos na Lei, em prol do economicamente débil.

II — É aceitável na *res dubia*, em que a relação de emprego precisa ser declarada como relação jurídica existente ou não existente.

III — O acordo e a conciliação dizem respeito ao *quantum debeatur* do direito afirmado pelo autor como objeto do litígio. No acordo ou na conciliação, as partes se compõem sobre um valor em metálico, terminando o litígio e cumprindo a obrigação. Faz coisa julgada.

IV — A transação apenas termina o litígio, resolvendo indiretamente a obrigação, sem transmitir direitos. Não é coisa julgada.

V — A transação é incompatível com a sentença passada em julgado, porque não há mais *res dubia*. Entanto, o acordo ou a conciliação são cabíveis.

---

(13) Cf., do autor, *Revista Trabalho & Doutrina*, n. 14, set. 1997, p. 113.

A AVULSIDADE E O DECLÍNIO DO SALARIADO

1. AS LEIS DAS NECESSIDADES E A JUSTIÇA DAS NECESSIDADES

Há pouco, no fim do ano de 1997, o professor *Spiros Simitis*, da Universidade de Frankfurt, lançou um substancioso ensaio, com título sugestivo, versando as mudanças na composição da força-trabalho e a desintegração dos empregos, na convicção de que, no centenário da descoberta da *Philip Lotmar*, outra construção teórica possa marcar a passagem do contrato de trabalho subordinado (*contract of employment*) ao contrato de atividade (*contract of work*) como figura central de um Direito do Trabalho renovado.

O professor *Simitis*, forte na lição imperecível de *Sinzheimer*, não esconde a certeza de que o Direito do Trabalho é a salvaguarda da dignidade humana e a esperança de uma humanidade real e solidária, como preconizou o mesmo *Sinzheimer*, em 1926, na Volkshochschule de Lipsia[1].

Para tanto, defende a compreensão de inevitável mudança que tenha no trabalho e não no emprego as vertentes deste Direito criado e constituído para servir à Justiça das Necessidades.

O estudo provocou manifestações de outros juristas na Itália, notadamente os comentários dos professores *Colin Crouch, Vicenzo Ferrari* e *Marcello Pedrazzoli*, respectivamente de Florença, Milão e Bolonha[2].

Em todos está a preocupação de evitar a desconstrução do Direito do Trabalho já independizado, com suas regras e a sua principionomia, mas com o intuito que parece indispensável de "inventare un modello di *contract of work*, differenziato dal tradizionale contratto di lavoro (*contract of employment*) oltre che com e ovvio, del non meno tradizionale contratto di lavoro autonomo (*contract of service*)"[3].

Na construção teórica da forma nova, acredita-se que, na linha invisível que separa o trabalho subordinado do trabalho autônomo, a expressão *contrato de atividade* melhor se ajusta à mudança que se observa entre quem trabalha inserido na

---

(1) SIMITIS, Spiros. Il diritto del lavoro há ancora um futuro? Trad. Mirella Ruggiero, *GDLRI*, n. 76, 4, p. 609, 1977.

(2) CROUCH. Um commento al saggio di Simitis; FERRARI, In: *Margine a Simitis, considerazioni su lavoro e globalismo*; PEDRAZZOLI. Diritto del lavoro è bello, *GDLRI*, p. 643, 649 e 659.

(3) FERRARI, Vicenzo. In: *Margine*, cit., p. 654.

empresa e quem trabalha para a empresa, ainda que perifericamente. Ademais, o trabalho autônomo supõe liberdade de iniciativa, sem compromissos com o poder hierárquico do empreendedor, seus horários e sua disciplina, enquanto o *contrato de atividade* refere-se a trabalho que aporta à empresa como um resultado, como bem final, que se entrosa nos objetivos desta, mantendo critérios de preferência, de modos de produzir e de fazer, que o tornam parassubordinado. Aqui, o contrato de atividade deve retomar à ideia primordial que o identifica a uma compra-e-venda, eis que o *resultado* é que se torna objeto de aquisição pelo empresário.

A *zona grise*, que a mundialização da economia lançou sobre o fenômeno do trabalho enquanto fenômeno jurídico, será o tema principal que estabelecerá os lineamentos da mudança que todos reconhecem inegável.

Outros juristas modernos, insuflados pela obra de *Niklas Luhmann*, começam a rever a epistemologia do Direito para explicar mudanças sociais como um processo de autorreprodução sistêmica, graças à miríade de atos de comunicação, admiravelmente representados pelos contratos que traduzem as impiedosas leis das necessidades[4].

Mais recentemente, observa *José Engrácia Antunes*, amparado na obra de *François Ewald*, que o sistema jurídico aparece concebido como um sistema autorreferencial e autorreprodutivo de atos de comunicação (contratos) que se multiplicam à luz do código binário *legal/ilegal* e, assim, constroem o seu meio envolvente, ou seja, a realidade jurídica.

Por conseguinte, das contradições e antinomias, das tensões criadas pela relação *justiça/injustiça*, na configuração dos dogmas que marcam as épocas, não se chega "a uma desconstrução do Direito, mas, quando muito, a uma reconstrução dos seus fundamentos latentes que ampliam a sua capacidade de regeneração, autoreferência, indeterminação e evolução"[5].

Sobre essas frequências e semelhanças é que os economistas, de um lado, enunciam o processo genético e tormentoso da criação dos bens econômicos, e, de outro lado, os juristas explicam o mecanismo do nível de vida, suas grandezas e suas proporções, de uma comunidade ou de todo um povo.

É ainda seguindo tais princípios se busca a demonstração de como circulam as necessidades na pirâmide social, tanto no sistema da livre concorrência quanto no sistema da economia dirigi da, em que o antagonismo entre os que dispõem de lucros e os que vivem apenas de salário chega a um limite de indiferença na satisfação das necessidades socialmente sentidas.

---

(4) LUHMANN, Niklas. *Teoria política nello stato del benessere*. 2. ed. Milano: Franco-Angeli, 1987. V. também do autor deste artigo o estudo *A influência do direito civil no direito do trabalho*, para o livro em homenagem a Luiz de Pinho Pedreira da Silva, LTr, jan. 1998.

(5) Cf. TEUBNER. Gunther, na tradução de sua obra, em português, pelo prof. José Engrácia Antunes, *O direito como sistema autopoiético*. Lisboa: Calouste-Gulbenkian, 1989. p. 15. Veja prefácio de J. E. Antunes, p. XXII, e EWALD, François. Le droit du droit. In: *Archives de philosophie du droit*, n. 31, 1986. p. 245-8.

Desgraçadamente, na realidade, existe sempre um desnível de vida que impõe ao homem, enquanto trabalhador, a conquista irrefreável de melhor retribuição para o seu esforço físico ou mental na pronta satisfação das necessidades.

Todo o robusto movimento de ideias liberais, solidaristas, corporativistas, comunistas, cristão-socialistas, cooperativistas que se instalou, na Europa, precisamente refletia o quadro dos salários mais baixos que a história do proletariado pôde registrar. É daí que os juristas, diante da iniquidade dos fatos mal conduzidos, que trazem aos que vivem do trabalho os mais indescritíveis vexames, retiram suas regras e conclusões de prever para prover a satisfação das necessidades vigentes em determinado lugar e segundo a desejabilidade do povo.

Inseparável do problema jurídico é o do reflexo da população, mais ou menos densa no nível de vida, impondo maior quantidade de trabalho a uma quantidade fixa de recursos naturais. A relação entre densidade de habitantes de um lugar e o nível de vida – considerado como um feixe de necessidades socialmente sentidas – tem efeito na produtividade do trabalho, na insatisfação das necessidades, muitas até existenciais, no equilíbrio dos preços e na discriminação das pessoas.

Do binômio *necessidades-bens* emergem formas novas contratuais, diferentemente do contrato de emprego, permitindo à vontade negocial boa margem de liberdade, que, de sua vez, reflete melhor a intenção das partes na satisfação das necessidades inadiáveis.

As engenhosas criações negociais, variáveis no seu conteúdo e nas suas espécies e subespécies, mantêm a morfologia contratual, que desempenha função social de ato de comunicação interindividual[6].

Assim, quer parecer que não se trata de rejeitar ao Direito do Trabalho um lugar de destaque na enciclopédia jurídica, mas reconhecer a sua regeneração por via de um modelo mais adequado ao trabalhador enquanto cidadão que tem suas pretensões, suas esperanças, seus temores, e, afinal, é o seu único destinatário.

2. O DECLÍNIO DO SALARIADO

Em 1818, *Charles Fourier* escrevia: "Hoje, Sexta-Feira da Paixão, achei o segredo da associação universal". Na verdade o filósofo economista constatou a associação voluntária como processo de supressão da concorrência e abolição da figura do assalariado, nas utópicas sociedades de produção e de consumo, os falanstérios.

Tais sociedades, que instituíam o cooperativismo integral, reagiriam às obscenidades da civilização industrial que ele considerava desumana.

Igualmente, a ideia de abolição do salariado estava clara nos estatutos da CGT, que diz no art. 111: "A sociedade reúne, sem consideração de escola política, todos

---

(6) Cf. do autor do artigo o trabalho citado na nota n. 4.

os trabalhadores conscientes da luta pelo desaparecimento do salariado e do patronado"[7].

Na antevisão utópica de Fourier e na facécia da COT, já se encontram os pródromos de um sistema que, só agora, começa a declinar pelo aparecimento de formas novas contratuais que retribuem o trabalho pelo resultado, pela atividade criadora de serviços e bens finais e não pelo aluguel da força operária disponível sob a direção do empresário.

Tais formas novas apontam para o fenômeno do *out-sourcing*, da *externalização* do trabalho, que se desvincula do trabalhador enquanto peça do mecanismo patronal, visando, na opinião dos doutores das humanas, a um só tempo, abolir o contrato, a tempo integral, transformar o trabalhador em empresário, livrando-se dos inconvenientes do poder hierárquico e das inarredáveis obrigações sociais.

As benignas tentativas da experiência participacionista a que mal se efetivam em textos normativos, na esperança de corrigir a secular injustiça, já se acham ultrapassadas com o precário, o parassubordinado, o autônomo, o avulso, o independizado e tantas outras formas que repelem a relação jurídica de trabalho subordinado. As cooperativas recebem dose nova de energia, em textos legais, ao tempo em que a temporalidade dos contratos torna inócuo o que se construiu em torno do *jus variandi* do empregador. Os termos da fórmula de Cobb-Douglas, em que o trabalho ocupava o primado no processo de produção, como, igualmente, o fenômeno do *out-sourcing*, invertem o caminho da política de contratação coletiva[8].

Dentre outras razões, observa Dahrendorf, que é paradoxal que a sociedade do trabalho, que tanto precisa do trabalho para realizar seus fins, seja a sociedade do desemprego[9]. Declina, pois, a *civilização de empregados*.

3. A AVULSIDADE ENTRE O TRABALHO SUBORDINADO E AS FORMAS NOVAS CONTRATUAIS

Os trabalhadores avulsos, como exceção à regra do trabalho subordinado, resistiram à fase aguda do Capitalismo Industrial. Sempre representaram um con-

---

(7) GIDE, Charles e RIST, Charles. *História das doutrinas econômicas*. Rio de Janeiro: Alba; v. também de GIDE. *Compêndio de economia política*. Porto Alegre: Livraria do Globo, p. 135 e 465.

(8) Cf. SIMITIS. II diritto..., *GDLRI*, p. 621. V. do autor deste artigo, *Leasing, negócio jurídico fiduciário*, sobre a fórmula de Cobb-Douglas, p. 27.

Sobre a expressão e o significado de *out-sourcing*, veja KURT, Robert. A orgia capitalista. *Folha de S. Paulo*, 31 maio 1998.

V. E. GUDIN. Desenvolvimento econômico e capital. *Carta Mensal*, Rio de Janeiro: CNC, n. 70, ano VI.

V. também de SIMITIS. Europeizzazione o rinazionalizzazione del diritto del lavoro, *GDLRI*, n. 64, 4, P. 640, 1994.

(9) Cf. DAHRENDORF, Ralf. A sociedade do trabalho. In: *Humboldt*, Munique, n. 46, p. 86. Do mesmo autor, *Sociedade e liberdade*. Trad. V. Chacon, ed. Universidade de Brasília, p. 241.

tingente pequeno de trabalhadores em certas atividades que repeliam a relação de emprego na prestação de serviço ou na criação de bens destinados à satisfação das necessidades socialmente sentidas.

Foi na área portuária que melhor se verificou a prática do trabalho avulso, até a edição da Lei n. 8.630, de 25 de fevereiro de 1993, que transigiu, no art. 26, com o trabalho com vínculo de emprego paralelamente ao trabalho portuário avulso que corresponde à tradição e às especificidades dessa mão de obra.

Assim, mesmo lavrado o óbito da corporação incrustada na CLT, substituída pelo operador portuário e pelo órgão gestor, só o avulso registrado pode tornar-se empregado. Ainda avançou o texto de 1993, permitindo ao trabalhador portuário avulso a formação de cooperativas (art. 17) para a exploração de instalações portuárias como operadores portuários, dentro ou fora da área reservada a porto organizado.

Contudo, no art. 21 da dita Lei n. 8.630, observa-se a zona grise entre o vínculo de empregado e a avulsidade, visto que nas faculdades do órgão gestor de mão de obra está a de "ceder trabalhador portuário avulso em caráter permanente, ao operador portuário".

O texto sugeriu ao egrégio professor *José Martins Catharino* admitir que, em se tratando de *cessão em caráter permanente*, não se enxergaria aí uma relação de emprego com o operador cessionário?

A questão levantada vale menos pela exegese do art. 21, que somente pode ser entendido com a linguagem usada no art. 26 da dita Lei n. 8.630, como cessão por tempo indeterminado, do que mesmo pelo conceito de avulso que estaria comprometido pela expressão "em caráter permanente".

De fato, a *não eventualidade* aproxima o avulso da figura do empregado, porque o operador cessionário vai necessitar dos seus serviços *normalmente*, e por *"tempo indeterminado"*. Aqui fica a impressão de que o trabalhador avulso opera uma relação de emprego incompleta, *larvada,* porque lhe falta o traço conspícuo do contrato de emprego, que é a subordinação, medida principalmente pela apropriação da força-trabalho submetida à direção técnica e jurídica do empregador. No trabalho avulso a obrigação de fazer não provêm da inserção do trabalhador na empresa, mas através de uma prestação que se efetiva, ora através de um intermediário sindical, ora pela prestação *permanente* à empresa sem vínculo de subordinação. Deste modo, a tentativa de uma noção ontológica de avulsidade supõe sempre o trabalhador que convive com a prestação *não eventual* a um ou a vários empregadores; atende aos fins da empresa mas a sua atividade não se insere na empresa, senão que atua perifericamente à empresa (idea da *externalidade*).

Nem a CLT (art. 643) nem a Lei específica n. 8.630 enunciaram o conceito de avulsidade. Só a lei previdenciária tentou formulá-lo, mas, evidentemente, perdeu-se em distinções adjetivas com a *"intermediação obrigatória"* e a exemplificação de profissões que atuam tradicionalmente sem relação de emprego. Foi o que fizeram a Lei Orgânica da Previdência Social (LOPS) (art. *411, c)* e a Consolidação das Leis da Previdência Social (CLPS) (art. 511, V), bem assim o Decreto n. 612, de 21.7.1992, e a Lei Complementar n. 70 (art. 10, VI)[10].

Em verdade, as dificuldades não são pequenas, até porque o critério de exemplificação restringe, ao longo do tempo, as espécies de avulsidade, levando o legislador ao lugar comum de elencar *"outros trabalhadores avulsos"*, assim considerados pela autoridade competente do Ministério do Trabalho.

Depois, a exemplificação não resolve a questão da natureza jurídica da avulsidade frente a outras espécies laborais, notadamente o trabalho autônomo, o trabalho eventual, o trabalho adventício, o tarefeiro, o colono parciário, o marisqueiro criador de moluscos e crustáceos e tantos outros.

A CLPS comodamente abriu espaço para elencar como avulsos: o estivador, inclusive o trabalhador de estiva em carvão e minérios, o trabalhador em alvarenga, o conferente de carga e descarga, o consertador de carga e descarga, os vigias portuários. Ainda em relação ao trabalho portuário, na faina do complexo "navio-porto", arrolou como avulsos o arrumador, o trabalhador de bloco, o avulso de capatazia. Seguem-se outros exemplos de avulsos entre arrumadores de armazéns gerais: ensacador de café, cacau, sal e similares; o trabalhador na indústria da extração do sal, ao lado do obreiro subordinado.

Simples se torna a distinção entre autônomo e avulsos, porque o primeiro organiza e dirige o seu trabalho, habitualmente, mediante uma remuneração, enquanto os segundos têm a sua atividade laboral atendendo aos fins de uma empresa ou de várias empresas com preferência e profissionalismo, atributos indispensáveis para a *escolha* pelo empreendedor.

Já o trabalhador eventual presta serviços, mediante remuneração, a quem dele necessita sem permanência e sem dirigir a sua atividade para um fim específico da empresa.

Como adverte *Catharino* "certo é não ser eventualidade o mesmo que temporariedade, provisoriedade, sendo que temporariedade passou a ter conceito peculiar com a Lei n. 6.019/744 (...) porque *eventual* significa fortuito, casual, que depende de acontecimento incerto"[11].

Em verdade, a ideia de eventualidade não coincide com a de temporariedade ou temporalidade, porque os safristas, sazonais, colhedores e ensacadores de frutos e grãos poderiam ser arrolados como eventuais, quando a sua atividade mais se ajusta à de avulsos (art. 4º, III, letra *j*, da CLPS).

No rol dos *assemelhados*, para usar a expressão da lei (LOPS, art. 4º, letra *c*, e CLPS, art. 411, m, letra *m*) os que trabalham em atividades relacionadas a contratos de risco, agrupados ou não em sindicatos, bem assim transportadores de cargas,

---

(10) Cf. CATHARINO, José Martins. *O novo sistema portuário brasileiro*. Rio de Janeiro: Destaque, 1994. p. 20. do autor do artigo, veja *Compêndio de direito do trabalho marítimo, portuário e pesqueiro*. Rio de Janeiro: Forense.

(11) Cf. *O novo sistema*, p. 21.

caminhoneiros, cegonheiros, os que se ocupam como agentes de seguros e contratos novos que usam os equipamentos das empresas (*personal training*) servindo a mais de uma empresa ou a vários clientes.

A onda tempestuosa da terceirização e as formas novas contratuais estão indicando o declínio do salariado e o advento do trabalho avulso visível nos modelos de economias desenvolvidas que exportam o *neoproduto,* frequentemente de origem anglo-americana e tedesca, tais como *marketing, know-how, franchising, engineering, merchandising, factory, software*[12].

No binômio *necessidades-bens,* na satisfação dos nossos desejos, no poder de compra para o seu atendimento, vale mais do que a lógica dos conceitos *a fórmula de procura* dos meios de satisfação das nossas necessidades e dos nossos anseios.

4. CONCLUSÃO

"A conclusão se prediz facilmente:
Quando cada bendita coisa que possuístes
Seja feita de prata ou de ouro,
Suspirais por uma vasilha de estanho...
Quando para vestir outra coisa não tiverdes
Senão tecido de ouro e de tênue cetim,
Tecido de ouro deixais de apreciar...
E assim sobe o preço da lã" (GILBERT; SULLIVAN. The Gondoliers. In: SAMUELSON, P., parte 3 da *Introdução à análise econômica,* p. 3).

---

(12) Cf. do autor deste artigo. *As novas formas contratuais e suas afinidades com o contrato de emprego,* palestra pronunciada no VI Encontro de Advogados Trabalhistas, em Valença, Bahia.

ADMINISTRAÇÃO DIRETA E INDIRETA:
Vicissitudes do Regime Jurídico
dos seus Ofícios, Cargos e Empregos

1. INTRODUÇÃO

Estado, administração, direito.

O sábio *Jacques Maritain* dizia que "a confusão ou a identificação sistemática entre *nação* e *sociedade política* ou de sociedade política com *Estado* tem sido uma calamidade para a história moderna"[1].

Situado o problema nas fronteiras vivas das concepções filosóficas, plantado em meio ao feroz dualismo *capital* e *trabalho, massa* e *poder, governante* e *governados,* o Poder Político tem sido uma vasta enseada para onde convergem políticos e filósofos interessados no experimento in *vivo* de suas ideias e sugestões.

A explicação do seu desenvolvimento, rumo a conclusões finais, com a carga das decisões socialmente sentidas, pode resultar de uma sincera posição científica, como pode surgir de um simples desejo de combinar fatos ou traduzir por meio de fatos *(decisões)* a síntese mental do observador perante a história.

Muitas vezes, ao lado de pensadores e escolas, na busca de uma ordem de fatos humanos, está o espírito do povo, refletindo tendências e inclinações arraigadas há séculos, quando não transmite os brados das aspirações populares, os interesses nacionais ou os interesses de certos momentos históricos.

A teoria do individualismo econômico ou, segundo o seu princípio jurídico diretor, a teoria da livre concorrência econômica, que tomou, a justo título, o nome de *Adam Smith,* é o sistema de modernas economias.

O fisiocratismo de Quesnay é a réplica francesa ao mercantilismo de Veneza, Gênova, Holanda e Hamburgo, cuja prosperidade e bem-estar descansavam no comércio, no intercâmbio de mercados, na economia predatória.

Por seu turno, *Adam Smith,* que procede de *David Hume,* acata as demolidoras críticas do filósofo ao mercantilismo, mas acaba fundando um sistema que defende

---

(1) Cf. FRANCO SOBRINHO e OLIVEIRA, Manoel. *Estudos de direito público.* Brasília: Ministério da Justiça, 1977. p. 2.

a possibilidade de riqueza com o trabalho aplicado na indústria e no comércio, que protegia, propositadamente, as florescentes manufaturas inglesas.

A sua obra, temerariamente denominada *Inquiry into the nature and causes of the wealth of nations,* publicada em 1776, na sua parte principal, não trata da riqueza das nações, senão do equilíbrio dos preços, para defender, abertamente, certas medidas, como o livre-câmbio, que conduziria, como de fato conduziu, ao aumento de Poder Político da velha e sagaz Albion...[2].

Já a escola alemã provém do nacionalismo predominante, desencadeado pelo célebre discurso de *Fichte*. Na apreciação dos fatos transmitem-se todas as tendências germânicas: a consciência de grupo, o sentimento de totalidade *(Weltanschauung),* uma incursão profunda na vida do povo[3].

Tais são as vertentes ideológicas que encontram o Estado como poder coletivo organizado, criando e dispondo de serviços, regras de convivência pacífica, enfim o *Estado-ordem jurídica,* de administração, no sentido de toda atividade destinada a realizar os fins políticos e sociais da comunidade.

2. O FENÔMENO DA ESTATIZAÇÃO E A FRAGMENTAÇÃO ADMINISTRATIVA

Desde a década de cinquenta já alertava *Henry Laufenburger* para o profundo *gap* do ponto de vista ideológico, moral e material que separava as nações em dois blocos, disputando o conceito de iniciativa, a noção de valor, o princípio do bem-estar, o progresso social e, não raro, o poderio militar.

Tal divergência vai alcançar a década de setenta sob uma forma híbrida, em que as instituições se interpenetram e se imitam.

Não se trata, em verdade, de extremar formas de Estado, sistemas democráticos ou totalitários, porque todos os regimes buscam uma *economia administrada.* O que importa é o grau ou a intensidade do controle e da ingerência do Estado na propriedade (estatal ou privada), dando ênfase na escolha das decisões políticas a serem adotadas.

Da maior ou menor absorção pelo Estado na criação e na prestação de serviços à coletividade, mantinha-se a administração mais alheia à economia dos mercados, confiando à justiça, à polícia e à arrecadação de impostos as funções públicas. São dessa fase os *ofícios* e os *cargos públicos* manipulados por atos de mera conveniência. Ainda que as reformas e contrareformas da administração pública passassem a se orientar por postulados de moralidade pública, concursos de seleção de

---

(2) Cf. do autor deste artigo. *As teorias da utilidade e os fundamentos da ciência econômica.* Salvador: Imprensa Oficial do Estado, 1967. p. 15-6.

(3) TRINDADE, Washington Luiz da. *As teorias da utilidade e os fundamentos da ciência econômica,* p. 16. O discurso de Fichte é o "Rede nau die deutsche Nation". V. também CONRAD, J. *Politische Oeconomie,* traduzido para o espanhol com o título *Historia de la economía.* Barcelona: Bosch, p. 126-47.

pessoal, quadros de carreira e outros princípios rígidos, certas atividades resistiriam a mudanças. Certos ofícios ainda são específicos do Estado, sem admitirem a gestão dos serviços através de empregos e funções qualificadas mais pelo *management* do que pela escolha dos governantes. Juízes, agentes da atividade policial, cargos de confiança, funções diplomáticas e consulares resistem à perda de tratamento como ofícios ou cargos típicos de *atos de nacionalidade,* atos que traduzem o agente ou funcionário falando em nome da soberania nacional.

Recentemente, na crise das reformas constitucionais, vimos que os servidores militares marcam uma separação de nomenclatura, suficiente para o tratamento salarial diferenciado para com os servidores civis. Eles são denominados *servidores do Estado* e não servidores públicos militares.

Os funcionários ou servidores públicos na administração direta ou centralizada são agentes do Poder Público, sem vislumbre de situação contratual. Seus direitos e obrigações têm regime próprio, mesmo que tenham de conviver com outros servidores recrutados, pelo contrato de trabalho, para serviços públicos ou da responsabilidade do Estado.

Entre nós, desde a vetusta Lei n. 1.890, de 13 de junho de 1953, juridificou-se o trabalho prestado em nome do Estado pela forma contratual, marcando visivelmente a transigência dos ofícios e cargo com o *emprego público.*

Na fase seguinte observa-se, com certo exagero, a descentralização administrativa. Por simples pragmatismo proliferaram entes fundacionais, institutos, autarquias, semiautarquias tipo "S" (Sesi, Senac), empresas públicas, entes regionalizados, paraestatais, sociedades de economia mista.

O *corporate welfare state* estava em marcha, atendendo, na expressão de *Arnoldo Wald,* "o gigantismo das obras estatais e a velocidade em que devem ser realizadas nem sempre permitem um planejamento detalhado, tanto no campo técnico como financeiro"[4].

O relativismo das soluções e dos institutos ganha o direito administrativo, que desenvolve a teoria do *contrato de colaboração,* que até pouco tempo não era concebível. A colaboração ingressa pelas fórmulas do *contrato de atribuição,* vingando aceitação os princípios de *aleatoriedade, condicionamento, relatividade, flexibilidade,* que antes eram evitados nos dogmas do rígido direito administrativo[5].

A administração indireta cresceu em torno do eixo da administração direta, repensando o direito administrativo e as relações jurídicas nascidas entre o servidor público e os entes independizados do Poder Público, mas sujeitos à sua órbita e influência inegáveis.

---

(4) Cf. O direito da crise. *Carta Mensal,* Rio de Janeiro: CNC, 30 (355): 11. V. também FONSECA, Herculano Borges da. O Estado previdenciário e a cogestão empresarial. *Carta Mensal,* Rio de Janeiro: CNC, n. 313, p. 3 e 4; ALMIRO, Afonso. Evolução do conceito de estatização. *Carta Mensal,* Rio de Janeiro: CNC, 31 (369): 13 e s.

(5) WALD, Arnoldo. *Carta Mensal,* p. 11.

As criações do Dec.-Lei n. 200 e depois Dec.-Lei n. 900, textos bastante conhecidos, consagram a intervenção do Estado na economia, tornando escancarada a figura do *Estado-empresário*. A formação de estatais e das sociedades de economia mista possibilitou, paralelamente ao seu crescimento, a relação de emprego e o difícil convívio da CLT e das regras de execução do empregador da iniciativa privada com a realidade da administração pública.

Os escritores mais autorizados remarcam que tais entes são formas fragmentárias da mesma essência estatal, notadamente a figura da fundação de direito público, reconhecida na jurisprudência do STF como uma espécie de autarquia.

Existe voto memorável do Min. Moreira Alves, que expressamente afirma: "As fundações instituídas pelo Poder Público, que assumem a gestão de serviço estatal e se submetem a regime administrativo previsto nos Estados-membros por leis estaduais, são fundações de direito público e, portanto, pessoas jurídicas de direito público. Tais fundações são espécies do gênero autarquia"[6].

O moribundo Regime Jurídico Único dos Servidores Públicos não vingou ao ponto de assegurar estabilidade, ressarcimento pronto das dispensas marcadas por atos de conveniência ou de garantir ao trabalhador as regras de direito privado. No particular das fundações de direito público ou instituídas pelo Poder Público, nem sempre a todas se há de aplicar o Código Civil, com as suas consequências no quadro de pessoal e no momento de materializar a coisa julgada, sem exigência do desgastante processo do precatório.

A vivência de tais entes na realidade jurídica do Estado e as restrições impostas na disponibilidade do patrimônio evidenciam que essa fragmentação ou descentralização da administração pública redundará em mudança de posição no tratamento dos direitos do pessoal nela engajado pelo contrato de emprego ou de serviço.

Vejam-se, por exemplo, as limitações impostas à aplicação do instituto da transação civil, nos termos da MP n. 1.570, de 26 de março de 1997, logo seguida da MP n. 1.554, de 15 de abril de 1997, dispondo sobre o alcance de tutela antecipada em relação a entes públicos e sobre a contratação por tempo determinado para o atendimento de excepcional interesse público.

Mal chegavam a lume essas formas de direito provisório, editava-se a MP n. 1.561-4, de 15 de abril de 1997, autorizando acordos e transações até R$ 50.000,00 (cinquenta mil reais) relativamente à União, suas autarquias, fundações e empresas públicas federais.

A despeito da insignificância da quantia-limite, a providência já representa forma *larvada* da desregulamentação administrativa do precatório.

2.1. Na legislação e na doutrina estrangeira, sobretudo na italiana, a partir da possibilidade de sindicalização dos servidores públicos (a CF/88, no Brasil, art. 42, § 5II, proíbe só aos militares a sindicalização e a greve), tenta-se a sistematização

---

(6) Cf. *Revista Trimestral de Jurisprudência do STF,* v. 113, p. 314.

do contrato coletivo de trabalho como uma das fontes de admissão ao serviço público.

A Constituição brasileira assegura a participação dos trabalhadores e empregadores nos colegiados dos órgãos públicos em que seus interesses sejam objeto de discussão e deliberação (art. 10).

Na administração direta, a despeito da sindicalização e da possibilidade de greve, o sistema da contratação coletiva não é cogitado entre nós, pela enorme resistência encontrada na hipótese de o Estado sentar-se em *around table* com os seus empregados ou seus representantes.

Observa *Arturo Maresca* que a contratação coletiva de servidores não esbarra apenas na questão dos critérios de legitimação negocial, mas no problema jurídico da eficácia subjetiva do contrato[7].

Igualmente *Mario Rusciano* aborda a unificação do trabalho público e do trabalho privado como sinal de flexibilidade no direito administrativo, denominando essa operação, comumente chamada "privatização", *unificação normativa do trabalho,* em que o traço característico é a retribuição do serviço nascida de um contrato de emprego e não de ato de atribuição, de um *status,* de uma preposição da autoridade pública[8].

Uma plêiade formada de ilustres mestres italianos, desde 1993, estuda a reforma da relação de emprego público para ajustá-lo à sociedade negociada, à greve dos servidores públicos, à juridificação pelo contrato individual e pelo contrato coletivo de trabalho[9].

3. A EFETIVAÇÃO DOS DIREITOS DOS TRABALHADORES DA ADMINISTRAÇÃO PÚBLICA DIRETA E INDIRETA

Certamente, o obstáculo mais sério a ser transposto é o do precatório.

O art. 100 da CF/88 o manteve na sua obsolescência, tornando dramática a materialização da coisa julgada trabalhista.

Os obstáculos são de ordem técnica e, sobretudo, de Justiça, uma vez que, frequentemente, o Estado-ordem jurídica está sendo desacatado pelo Estado-empregador, seja na versão direta, seja na versão indireta da administração pública.

A questão ficou incandescente a partir da emissão de títulos públicos para pagamento de precatórios, frente à disparidade de tratamento do trabalhador de

---

(7) MARESCA, Arturo. Le transformazioni dei rapporti di lavoro pubblico e il sistema delle fonti, *GDLRI*, 70 (2): 187, 1996. V. também FERRARO, Giuseppe. Formalismo giuridico e diritto del lavoro, *GDLRI*, 44 (4): 555, 1989.

(8) RUSCIANO, Mario. L'unificazione normativa del lavoropubblico e del lavoro privato, *GDLRI*, 42 (2): 143, 1989.

(9) Cf. La riforma del rapporto di lavoro pubblico, *GDLRI*, 59-60 (3 e 4), 1993.

emprego privado e o de emprego público e ao desacato da sentença passada em julgado.

Os sequestros autorizados nas verbas públicas de municípios e de Estados-membros desencadearam a polêmica sobre a utilização do dinheiro público entre os serviços sociais fundamentais e o cumprimento da sentença trabalhista.

As soluções para o impasse variam da exegese do art. 100 já citado de que os débitos de natureza alimentícia não estão sujeitos ao sistema do precatório requisitório[10], posição que não parece correta, até à que propugnei desde 1986.

À época, dizia: "em razão do rígido controle das rendas públicas, o precatório equipara-se a uma verdadeira carta de sentença, a um título judicial para execução imediata. Assim, deve continuar a ser expedido com os requisitos extrínsecos e intrínsecos da sentença exequenda. Formados os autos, o pagamento seria ordenado pelo Presidente do Tribunal respectivo a estabelecimento de crédito oficial (Banco do Brasil ou banco estadual) contra fiança bancária, instituída sob a rubrica contábil adequada, *verbi gratia,* "para atender a sentenças judiciárias". A transferência do numerário seguiria os trâmites comuns de pagamento à ordem do juízo e à disposição do credor. O sistema permitiria ao Estado ou ao município e aos órgãos federais, inclusive de administração indireta sujeita a precatório, fazer a compensação nos orçamentos dos órgãos devedores da quantia paga pelo banco oficial que, não raro, é depositário de fundos de participação.

Tal mecanismo evitaria também a expedição de *precatórios complementares* para pagar diferenças de juros e de correções monetárias, substituindo o penoso e inoperante procedimento atual de inclusão do débito no orçamento do órgão público devedor e a chicana das preterições no pagamento, quando não a alegação de que o órgão devedor foi extinto.

O sistema dispensa o sequestro pelos inconvenientes que acarreta e evita o complicado processo da intervenção federal. A lei, alternativamente, poderia instituir deposto necessário (art. 1.282 do C. Civil) sobre a receita da Caixa Econômica, constituída da arrecadação das loterias, para atender à fiança bancária, garantindo a natureza alimentar inadiável[11].

3.1. Incompatível com a administração direta é o instituto da falência. Os especialistas têm como certa a possibilidade de empresas estatais declararem o estado de falência, tal como transparece do art. 242 da LSA, em que as sociedades de economia mista estão fora do alcance da quebra, ainda que possam ter seus bens penhorados e executados.

Os comercialistas entendem que a eiva de inconstitucionalidade do citado art. 242 estaria na compensação da responsabilidade subsidiária do acionista majoritá-

---

(10) DELGADO, José Augusto, no excelente trabalho de Lígia Paula Marrara Calsoni, assessora na 15ª Região, *A execução de quantia certa contra a Fazenda Pública.* São Paulo, 1996.

(11) Cf. do autor, Precatório: sua obsolescência e a indispensável mudança. *Revista de Direito do Trabalho,* São Paulo, n. 59, jan./fev. 1986. p. 5.

rio pela exclusão do regime falimentar, pelo que firmou induvidosa concorrência desigual. A hipótese fere, claramente, o art. 173, § 1º, da CF/88, que determina o tratamento das pessoas jurídicas estatais pelo regime do direito privado.

Daí, observa *Fábio Ulhoa Coelho*: "Quem fornece para uma estatal, uma sociedade de economia mista, tem mais garantias do que aquele que fornece a uma concorrente desta, sociedade comercial[12].

Já outros entendem, como *Laubadère*, que, em sendo, nas sociedades de economia mista, o Estado acionista necessário, tal posição é regra derrotaria do direito privado, posição mais consentânea com a realidade administrativa contemporânea. Acaba, nas sociedades de economia mista, a *affectio societatis* que define e caracteriza a colaboração dos sócios dentro do princípio de igualdade[13].

3.2. Mais compatível com a administração indireta estão ainda as questões da cogestão, a solução negociada e a rarefação do critério de subordinação, pela possibilidade de terceirização de serviços.

4. CONCLUSÃO

1. A intervenção do Estado na vida econômica marcou, paradoxalmente, a fragmentação da administração pública.

O *trust* universal do Estado, buscando o controle e o lucro da apropriação dos meios de produção, não resistiu ao poderoso motor da empresa privada na formação de bens indispensáveis à satisfação das necessidades socialmente sentidas.

2. Os contratos de colaboração e, depois, as privatizações firmaram o início da flexibilização do direito administrativo.

3. A efetivação dos direitos devidos aos empregados públicos, estejam na administração direta, estejam na indireta, tem sobrevivido ao Estado *potestas*, mas não apresenta ainda uma satisfação plena, pelas controvérsias que se instalam no conceito de autoridade pública.

4. Ofícios e cargos são ainda características do Estado todo-poderoso. Empregos e relações de trabalho independizados apontam para o Estado ético, da teoria política do bem-estar para todos.

---

(12) Cf. *Manual de direito comercial*. 4. ed. São Paulo: Saraiva, p. 199.

(13) *Les grands services publiques*, p. 440, *apud* RIBEIRO, Manoel. *Das empresas públicas e das sociedades de economia mista*. Bahia: UCSAL, 1975. p. 7 (Edições Acadêmicas, n. 1).

AS NORMAS LABORAIS
NAS CONSTITUIÇÕES MODERNAS

1. No *Segundo tratado sobre o governo,* John Locke, o teórico das revoluções inglesa de 1688 e norte-americana de 1776, já advertia, inspirado em Richard Hooker, que "o estado de natureza tem uma lei para governá-lo, que a todos obriga; e a razão que é esta lei, ensina a todos os homens que tão só a consultem, sendo todos iguais e independentes, que nenhum deles deve prejudicar a outrem na vida, na saúde, na liberdade e nas posses... e assim, no estado de natureza, um homem consegue poder sobre outro; contudo, não é poder absoluto ou arbitrário para haver-se como um criminoso, quando sobre ele deitou as mãos segundo a cólera apaixonada ou a extravagância ilimitada da própria vontade... pois, transgredindo a lei da natureza, o ofensor declara viver por esta regra que não a da razão e da equidade comum... Neste caso, todos têm direito de castigar o ofensor, tornando-se executores da lei de natureza"[1].

Estão aí os pródromos da Constituição, obra-prima da lei da natureza normatizada, para assegurar a liberdade como bem supremo da vida. A lacuna ideológica que a Revolução Francesa preencheu, ao substituir as regras do *Ancien Regime,* trouxe a afirmação de que o Estado ideal seria o Estado de Justiça (*Rechtstat*), segundo a *ordem natural,* cujos postulados e leis estavam desprezados pela ordem repressivamente, ao invés de *laissez-faire, laissez-passer.*

Gunnar Myrdal descreveu bem o estado de espírito dominante, ao tratar do alheamento do Estado na formação das vontades individuais, dizendo que, a esse modelo de convivência, "a arte de governar seria a arte de, tanto quanto possível, abster-se de governar"[2].

Tentava-se uma aproximação razoável entre o ideal, formalmente descrito, com a ordem natural, de modo que as instituições pensadas repetissem essa mesma ordem natural que, seguida e observada, libertaria espontaneamente o grupo humano dos grilhões da intervenção do governo.

Ainda é *Myrdal* quem preleciona que essa "ordem social era pertinente às condições econômica existentes, isto é, a ordem que existiria se todas as *intervenções* fossem removidas[3].

---

(1) Cf. *Segundo tratado,* Biblioteca Clássicos da Democracia. São Paulo: IBRASA, 1963. p. 7-8.

(2) *Aspectos políticos da teoria econômica.* Rio de Janeiro: Zahar Ed., 1962. p. 51; v. também MILL, J. Stuart. *Princípios de economia política.* Col. Las Obras Maestras. México: Fondo de Cultura Econômica, 1943.

(3) *Aspectos políticos,* p. 52.

São dessa época os princípios da Declaração dos Direitos de 1776 e de 1789, que reaparecem nas Constituições modernas, refletindo as esperanças do pensamento liberal que revestiu o Estado até o último quartel do século XIX, quando as greves denunciavam, vigorosamente, a distância que ficava, no grêmio humano, entre a declaratividade pura e simples do compromisso ideológico e a preceptividade de seus princípios. Na verdade, sentia-se a violação da ordem pensada e a luta pelo direito de retorno às leis naturais; entre o lento reequilíbrio da harmonia social e as devastações do egoísmo individual na concentração crescente de bens materiais.

O erudito *Djacir Menezes*, com referência ao *Direito constitucional*, de *Paulo Bonavides* (3. ed., Rio de Janeiro, Forense, 1980), observa que "os direitos fundamentais, como direitos clássicos da liberdade, foram gerados por uma sociedade que tinha o monopólio ideológico dos princípios a serem gravados nas Declarações de Direitos, ou seja, nas Constituições. Não tinha ainda a sociedade burguesa um credo político contestado. Ela emergia de um triunfo de ideias sobre o direito divino e as antigas ordens privilegiadas. Por isso mesmo poderia lavrar a sua Constituição, a Constituição dos liberais[4].

Assim, as Constituições eram a fórmula do conteúdo jurídico da classe dominante, porque somente merecia o qualificativo de *jurídico* tudo que estivesse gravado como superestrutura, como revestimento da economia.

Rudolf Stammler chegou mesmo a admitir que o direito é que ordena os fatos e dá sentido à experiência social. A partir desse momento é que os fenômenos sociais podem merecer o qualificativo *de jurídicos*[5]. Ao invés de uma relação de *causalidade,* como admitia o marxismo, *Stammler* parte da distinção entre *matéria* e *forma.* É ordenamento formal que compõe o conteúdo empírico que a sociedade exibe como direito.

2. Os fatos incumbiram-se de mostrar as falhas notórias do conceito de Constituição, da plenitude lógica de que direito é o que está na lei *(jus = lex),* visto que a vontade liberada mostrou todo o seu fantástico poder de criação negocial.

Os ideais declarativistas foram esmagados e, sem força de incidência, abriram caminho à intervenção do Estado, que passou a controlar a vontade individual, criando limitações e modelos. Dessas falhas do *laissez-faire* chega-se à tutela extremista do Estado, principalmente depois que se interpôs a máquina na convivência humana.

Bentham, melhor representando a oposição de todos os empiristas utilitaristas, atacou as declarações dos direitos sem força de incidência, ao dizer que tais Declarações, a de 1776 e a de 1789, eram o *nec plus ultra* da Metafísica, eis que todos os artigos podiam ser classificados em três grupos: 1) o dos ininteligíveis; 2) o dos falsos; 3) o dos que são a mistura de ambos[6].

---

(4) Cf. O direito, revestimento da ordem econômica? In: *Carta Mensal,* Rio de Janeiro: CNC, 1980, ano XXVI, n. 301, p. 5. V., do mesmo jurista, *Tratado de filosofia do direito.* São Paulo: Atlas, 1980; *A miragem dos direitos humanos e as estruturas do poder.* In: *Carta Mensal,* ano XXIV, n. 278, 1978.

(5) Cf., do autor. *O superdireito nas relações de trabalho.* Salvador: Dist. de Livr. Salvador Ltda., 1982, nota 254-a, p. 97.

(6) O *superdireito*, p. 95.

Sufocou-se tanto a vontade individual mediante uma regulamentação legal, de edição estatal, que os juristas reagiram fazendo sua trincheira nos princípios da equidade, da proteção da boa-fé, da condenação do abuso do poder e, consequentemente, do abuso de direito. Desembocava-se, facilmente, na existência de um direito natural, melhor na sua *redefinição,* emprestando às declarações meramente decorativas a força e o significado da programaticidade.

2.1. Do sentimento contrastante que transparecia da lei constitucional e da convivência humana, que se esperava pacífica, chegamos ao conceito pré-estatal de justiça, da ideia do justo e do equitativo, como um retorno saudável ao que ensinara Aristóteles.

A emergência desse direito de características supralegais, precisamente depois da Segunda Guerra, colocou nas Constituições um elenco de compromissos do Estado para com o homem enquanto indivíduo, alguns autoexecutáveis, com acionalidade, outros na dependência de leis que lhes regulassem os limites. Formavam-se direitos públicos subjetivos, irrecusáveis a qualquer pessoa com força de incidência, para que a vida, a dignidade, a satisfação das necessidades, numa palavra, a justiça, fizessem-se presentes no fatal desequilíbrio dos interesses individuais elementares e a arregimentação social e econômica do Estado industrial[7].

Para a nova estrutura, regras que comandam outras regras foram editadas com poder de delinear o processo de convivência pacífica. É o primado do direito, formalmente entendido como pensou Stammler ou pragmaticamente visível nas fórmulas constitucionais, que busca solução para os imensos problemas sociais sem o sacrifício da pessoa humana.

É bem possível que as normas programáticas nas Constituições tenham iniciado um modelo novo de Estado, o "Estado Social de Direito", tipo híbrido do Estado burguês com a forma socialista do Estado popular.

Na verdade, o ingresso de normas laborais nas Constituições foi um passo agigantado nos termos já expostos de um Estado ético, salvando o homem enquanto trabalhador no atendimento de suas necessidades, anseios e esperanças num modelo político de bem-estar para todos.

A Constituição brasileira de 1988 elencou, com extrema minúcia, todas as aspirações da classe operária, visando a proteção de valores humanos indispensáveis ao bem-estar de todos, na proteção da saúde, da vida, da segurança dos trabalhadores. O legislador constitucional pensou até mesmo em reduzir os desníveis notórios entre *cidade-campo, operário-camponês, direito escrito-costumes,* balizando, como um aviso ao legislador ordinário, os direitos irrecusáveis ao trabalhador, compensatórios daquele fatal desequilíbrio entre capital e trabalho. A "questão operária" migrou para a Constituição, na defesa da saúde e da vida do trabalhador. Regras importantes foram estereotipadas como *avisos* aos regulamentos infraconstitucionais, visando a atenuar, senão eliminar, os riscos de uma indústria insalubre e periculosa,

---

(7) Cf., do autor. *O superdireito,* p. 96. V. SÜSSEKIND, Arnaldo. *Direitos sociais na constituinte.* Freitas Bastos, 1986. p. 46.

plena de desconforto físico e psíquico. Foram lembradas as responsabilidades que surgem na produção das riquezas.

2.2. O catálogo de normas programáticas, algumas com a sua eficácia contida, outras na dependência de projetos inconclusos, lembram os dias em que o operário, para alcançar o reconhecimento de direitos humanos, de respeito à sua condição humana, recorria ao desespero de greves cruentas.

Estamos assistindo, como acontece nas atividades penosas, cujo desgaste físico e mental é lento e insidioso, o mesmo e velho comentário feito por *Karl Marx* à Constituição francesa de 1848: "Todo dispositivo constitucional contém, de fato, a sua antítese. Na disposição liberal, a liberdade; na regra marginal, a supressão da liberdade"[8]. Em outros termos: consagra-se o princípio e retira-se-lhe a eficácia, remetendo a sua autoridade e a sua vigência para norma ulterior. Inscreve-se a regra e, no seio da Constituição, gera-se a antítese que provoca, pela revolta dos fatos, a demolição do princípio. Proíbe-se a greve em certos segmentos de servidores e, no entanto, os baixos salários levam os servidores à paralisação coletiva do trabalho. Enfim, o que é meramente declaratório passa a dormir "o sono das preguiças do mato"[9]; o que é programático muitas vezes esboroa-se, implode ao contato com a realidade transeunte, ao ponto de merecer a objurgatória do egrégio *Pinto Ferreira* de que o nosso constitucionalismo é pleno de "intenções ideológicas", quase sempre afetado de fórmulas propositadamente vagas e ingênuas[10].

2.3. Na verdade, o dilema não é ter uma Constituição analítica (brasileira) ou sintética (americana), mas o cumprimento de suas cláusulas sociais e econômicas mediante um processo legislativo menos "asmático", que confira ao operário um respaldo normativo na defesa de sua vida, de sua saúde, de sua intimidade, numa palavra, de sua cidadania.

Do contrário, é lamentável admitir-se uma "ilusão constitucional", expressão usada pela primeira vez por *Karl Marx*, em a *Nova Gazeta Romana (Neue Romische Zeitung)*, em 1848.

Pontes de Miranda referiu-se a essa "ilusão constitucional" e chegou a defini-la como "o erro político que consiste em ter como existente uma ordem moral, jurídica, regulamentada, legal, numa palavra, constitucional, quando essa ordem na verdade não existe"[11].

Para um conjunto de normas, da natureza das trabalhistas, sujeitas a uma perecibilidade não comum às congêneres de outros ramos do direito, a rigidez do princípio insculpido na Carta e a inamovibilidade do seu dispositivo *(regra pétrea)* não combinam com as transformações sociais e econômicas, abaladas constantemente pelas revoluções tecnológicas e científicas.

---

(8) Cf. PINTO FERREIRA. *O pensamento jurídico-constitucional de Pontes de Miranda*. Pernambuco: Fac. de Direito de Caruaru, p. 15.

(9) A frase é de Ruy Barbosa.

(10) *O pensamento,* p. 16-7.

(11) *Idem.*

É da natureza da regra laboral a sua criação extrainstitucional, pelo processo da autocomposição, da convenção coletiva, das negociações diretas que atendem à transitoriedade das condições de trabalho, de novas formas contratuais como imperativos das necessidades socialmente sentidas.

A ineficácia das regras declarativas e a ineficiência da regra programática têm sugerido, em nível constitucional moderno, um sistema de juridificação menos hermético, através de três exigências: *a)* publicação do projeto e propostas, dentro de um prazo, para sugestões públicas, sobretudo de órgãos de classe; *b)* anúncio do projeto através dos meios de comunicação; *c)* indicação dos resultados da apreciação pública. A inobservância das exigências atrairia para a lei a ser promulgada o vício da inconstitucionalidade formal.

2.4. O esquema participativo é o embrião de um sistema mais próximo do Estado ético, como preconizou *Martin Heidegger*, tentado em experimentos de sociedade negociada, de pacto social, como igualmente nas fórmulas de desestatização da norma trabalhista material, e sua edição mais perfeita nos contratos de solidariedade e contratos coletivos[12].

Mais do que uma lei malfeita, a convenção tem mais préstimo no equilíbrio das classes sociais e termina por ser lei em sentido material. Certamente, ao sistema de transição da chamada lei participativa, que convive em formas híbridas com a lei formal não participativa, toma vulto a liberalização do processo criador da norma laboral, tão clara na América do Norte e em países do *Commonwealth*, na Alemanha e na Itália.

Ao direito imobilizado nos textos constitucionais, alguns dependentes de regulamentação, outros ultrapassados pelas conjunturas econômicas, toma alento o processo de discussão das condições de trabalho fora da influência do Estado e, consequentemente, do legislador não participativo.

2.5. Os fatos estão sugerindo que, tanto o juiz quanto o jurista, tomem o texto constitucional como um aviso aos que vão legislar ou normatizar fora das fórmulas estatais. A Constituição preenche seu notável papel humanístico afastando-se de casos específicos, de direitos datados, concretos, que ficam mais adequados nas regras jurídicas inferiores.

Dois dos maiores constitucionalistas americanos da atualidade, *Laurence H. Tribe* e *Robert Bork*, expressando com clareza a teoria da intenção original, entendem que o texto fundamental foi escrito para que juízes e juristas criem significados aos seus termos, à luz das necessidades e mudanças.

Por isso, observou *Tribe*, professor de Harvard (autor de livros de sucesso: *God save the Honorable Court* e *Constitutional choices)*, que: "A própria generalidade de muitos termos, que os Fundadores usaram, sugere fortemente a intenção de não confinar seu significado aos resultados específicos, mas de criar significados à luz das necessidades das gerações seguintes" [13].

---

(12) Segundo Heidegger, *ethos* significa permanência, morada habitual, costume. Cf., na nota 4 da p. 427, a colaboração do autor à obra em homenagem ao Prof. Octavio Bueno Magano, sob o título *Curso de direito do trabalho*. São Paulo: Saraiva.

(13) Cf., do autor, *a Conferência no III Fórum Brasileiro da Justiça do Trabalho*. Gramado, RS, maio 1988.

Por seu turno, *Robert Bork* (juiz federal e professor de Yale), maior êmulo do citado professor de Harvard, também afirma: "A filosofia da intenção original exige que o texto, a estrutura e a história da Constituição dotem o Juiz, não de uma conclusão a respeito de um caso específico, mas de uma premissa de onde possa começar a raciocinar sobre o caso"[14].

Em se tratando da norma laboral, tão variável no tempo, que lhe confere e tira "a carga de decisão social" (*Alvin Toffler*), mais se acentua, na lição dos constitucionalistas mencionados, a expressão de um novo direito do trabalho menos estatal, que respire nas convenções e nos contratos coletivos. Ao texto constitucional reserva-se conservar o grande legado da humanidade — a liberdade e a igualdade —, deixando ao legislador comum, ao juiz e aos juristas não o caso específico já resolvido e definido, mas a "premissa de onde possa partir e começar a raciocinar sobre o caso".

Na verdade, como observou *Leslie Lipson*, professor de ciência política da Universidade da Califórnia, em Berkeley, os ideais do governo democrático são, de fato, contraditórios, quando levados à lógica extrema de Liberdade e de Igualdade, como transparece nas Constituições modernas. A política contemporânea tem "exagerado essa dicotomia, com a *Esquerda* se apropriando da Igualdade e a *Direita* apropriando-se da Liberdade. Só quando esses dois conceitos são considerados, não como valores absolutos, mas como valores indissociados da mesma realidade, é que haverá uma democracia efetivamente praticada"[15].

3. As conclusões são as seguintes:

I — Uma Constituição deve refletir, como obra-prima, a lei da Natureza a que se referiu *John Locke*. Os limites negativos criados nas Constituições foram uma afirmação inequívoca do princípio de observância da Liberdade e do seu epígono, o da Igualdade.

II — A interposição da máquina na convivência humana gerou o desequilíbrio que os juristas laboralistas estudaram e fizeram nascer o direito do trabalho, como um "mínimo de garantia" (*De la Cueva*).

III — Os direitos laborais insculpidos nas Constituições geraram a antítese do seu descumprimento, em nome da Liberdade empolgada pelo poder econômico. O exagero da regulamentação cedeu ao desinteresse no seu cumprimento.

IV — Ao surto da *ilusão constitucional* reagem os juristas e as classes operárias, ante a insatisfação das necessidades inadiáveis, com o direito do trabalho menos institucional e mais solidário. A "terceira onda" (*A. Toffler*) no direito do trabalho sugere menos regras declarativas e programáticas e mais premissas de onde se possa armar, com os fatos, o silogismo da regra jurídica.

---

(14) Idem. Ver também a *Revista Diálogo*, 20 (2): 28-33, 1987, editor responsável John Griffiths.

(15) Cf. A filosofia da democracia. In: *Revista Diálogo*, 19 (3): 11-15, 1986, editor responsável J. Griffiths.

SUCESSÃO E SOLIDARIEDADE EM DIREITO CIVIL E NAS RELAÇÕES LABORAIS

CONSULTA

1. OS FATOS

"A" está implantando um projeto pioneiro de criação e engorda de gado bovino sob pivô central em sua propriedade rural... Nas vizinhanças dessa propriedade, já implantado em terras alheias, com promessa irretratável de compra-e-venda, "B" instalou um sistema de irrigação de pivô central para cultivo de grãos, notadamente soja, e outros bens de subsistência.

Advieram a "B" dificuldades econômicas e financeiras e, sem ajuda bancária, em face da terra ser propriedade de outrem, resolveu arrendar o empreendimento sobre gleba alheia, com o que o arrendatário obteve empréstimo bancário, por se tratar de empresa agrícola.

Sem capacidade mercadológica nem gerenciamento adequado, o empreendimento denominado "Lagoa Feia" não prosperou, trazendo ao legítimo arrendatário consequentes prejuízos.

Entre dificuldades financeiras, compromissos bancários e linha de produção incompensada, o arrendatário "C" acenou ao consulente "A" da possibilidade de o que chamou de subarrendamento, a tempo certo, no tocante a uma experiência ou "prova" do equipamento instalado, que lhe serviria de teste para o seu projeto agropecuário de criação confinada sob pivô central. O pretenso subarrendamento foi lavrado, cumprindo ao consulente "A" promover a ligação elétrica com a Coelba, na empresa "Lagoa Feia", desativada momentaneamente, com todos seus direitos e obrigações, inclusive as trabalhistas.

Não tendo interesse na atividade negocial "Lagoa Feia", "A" não fez tratativa com os empregados, todos aplicados e contratados para o empreendimento de "B".

Antes mesmo de realizar os testes do equipamento idêntico ao seu, ainda em implantação, "A" foi surpreendido com reclamações trabalhistas na MM. Junta de... e de prováveis outras queixas iguais.

A MM. JCJ julgou um lote de reclamações, dispondo sobre a existência de relação de emprego por via da legitimidade passiva *ad causam* de "A", pelo fundamento jurídico de sucessão empresarial, muito embora os reclamantes tenham formado a lide com o fundamento da solidariedade.

Tais os fatos.

2. A CONSULTA

O consulente "A" quer saber, basicamente, se os fatos descritos informam uma sucessão empresarial, bem como o chamado subarrendamento de equipamentos para outro fim específico justificaria a sucessão de empresa.

Correlatamente, se os fatos descritos informam um caso de locação de coisa ou equipamento, notadamente para fim diverso do perseguido pela empresa "B", com o nome fantasia de "Lagoa Feia", sob a forma e a feição de um negócio jurídico sem proveito próprio, avençado entre o arrendatário "C" e o consulente e, assim, incapaz de gerar relação de emprego, por via de substituição de titular com proveito próprio.

Quer, finalmente, saber se ocorreu uma união externa de contratos entre o consulente "A" e o arrendatário "C", incapaz de jungi-lo ao processo trabalhista de dívidas que não assumiu nem é cessionário de créditos de "A".

3. O PARECER

Quem se detiver no exame do complexo problema da sucessão de empresa, com o séquito de resultados que produz e os reflexos que recebe dos atos jurídicos que a operam na realidade multifária do Direito, há de prevenir-se contra as aparências de que os fatos se revestem nas mudanças aceleradas dos negócios empresariais.

Não só as pessoas se alternam nas relações jurídicas, mas, igualmente, mudam os objetos e os fins colimados.

Os escritores nem sempre estão acordes no que configura a sucessão no Direito do Trabalho, principalmente para firmarem a regra áurea dos seus institutos na proteção do economicamente débil.

Há, no entanto, um consenso de que, civilmente, a sucessão é a mudança de sujeito na relação jurídica, que se mantém íntegra e uniforme, variando apenas a titularidade. A sucessão trabalhista é **a mudança de dono, de patrão, na empresa, que uniforme e íntegra se mantém nos fins para que se constituiu, nos serviços que realiza, nos empregados que a servem, variando apenas o seu proprietário.**

No Direito Civil, domina o conceito de sucessão o seu conteúdo jurídico; um titular substitui outro na relação jurídica. No Direito do Trabalho, preenche o conceito de sucessão o seu conteúdo econômico; um proprietário substitui outro na atividade produtora, no organismo econômico, técnico-profissional, na *universitas rerum,* na empresa.

Em julgamento ruidoso de caso de sucessão trabalhista alegada e envolvendo a Rede Ferroviária Federal e seus carros-restaurantes, o egrégio TRT da 5a Região, em que foi relator o Exmo. Juiz Rosalvo Torres, firmou, à unanimidade, que "se o novo arrendatário dá **continuidade ao negócio,** com o pessoal empregado do arrendatário anterior, está figurada a sucessão trabalhista".

Entendeu-se, *argumentum e contrario,* que a sucessão trabalhista supõe a continuação do negócio, a prestação dos mesmos serviços e visando aos fins a que se destinou, ainda que outro ou outros os patrões ou empresários.

No caso concreto, *sub examen,* ao entabular negócio jurídico complexo, de empresário a empresário, visando a outros fins que diferiam dos que eram tangidos pelo empreendimento "Lagoa Feia", o consulente "A" encontrou a empresa de "B" e seu arrendatário "C" completamente paralisados para seus fins, com a energia elétrica interrompida, por falta de pagamento.

O negócio entabulado com "C" pelo consulente, visando a outro fim, não se enquadra na figura da sucessão, porque o contrato, rotulado de subarrendamento, buscava outra finalidade, ou seja, o teste ou a "prova" de equipamento idêntico, por prazo determinado expressamente, a indicar e a nortear uma "união externa de contratos", na terminologia de *Lotmar,* de *Hoenniger,* de *Genaro* e outros escritores que se ocupam da coligação de contratos ou negócios congeminados, com fins específicos, ainda que unidos momentaneamente, mas por simples justaposição, jamais pela mesma finalidade.

A situação fática do caso tratado é bem a **união externa de contratos**, porque expõe um negócio complexo em que a propriedade da terra é de uma empresa, a atividade empresarial pretendida e implantada é de outra empresa, que, por motivo não definido, arrendou o empreendimento a um terceiro que, visando ao mesmo fim do arrendante, não foi gerencial e mercadologicamente capaz de continuá-lo, até o ponto de ter cortada a energia elétrica, indispensável à continuidade do negócio, em nível de êxito empresarial.

Foi nesse ponto e em tal estado de coisas que o consulente avençou um contrato de locação de coisa ou equipamento para outro fim, bem diverso do pretendido pelos empresários enredados na produção de grãos, em larga escala agroindustrial. O consulente aparece na cena jurídica como agente de um contrato à parte, lateral, geminado externamente aos envolvidos na produção de grãos, sem qualquer responsabilidade no processo produtivo em que se possa vislumbrar sucessão econômica ou sucessão empresarial.

Trata-se de outra figura contratual, de tempo determinado, para a "prova" pretendida pelo consulente. A temporariedade da relação que envolveu o uso ou pretendeu o uso de equipamentos, impropriamente denominado de subarrendamento, contrasta visivelmente com o contrato de duração avençado entre o proprietário da terra e o empresário da "Lagoa Feia"; entre este e seu verdadeiro sucessor, que fez empréstimo na Carteira Agrícola de banco oficial para prosseguir e continuar o negócio de grãos.

Há, portanto, em dado momento, que as responsabilidades se afastam, ou seja, paralisado o negócio agroindustrial, por motivos não definidos, o aparecimento do consulente na cena processual foi o resultado de erro de apreciação e de perspectiva dos fatos e de sua cronologia.

Tal erro vai refletir-se na sentença da Exma. Juíza *a qua,* ao firmar sucessão trabalhista com a exclusão dos lídimos responsáveis pelos créditos dos empregados e a condenação, como responsável único aquele que não desejou nem pretendeu, em momento algum, continuar o negócio de produção de grãos.

Observe-se, com zelo, que o patrono dos reclamantes acenou para a **solidariedade** como fundamento jurídico de sua pretensão afirmada na inicial.

Na verdade, a inclusão do consulente foi uma apreciação superficial do caso concreto, talvez por simples aproximação de situações pouco analógicas com os figurantes do art. 455 da *CLT.*

Mas, a verdade é que a solidariedade, nos casos de sucessão trabalhista, não tem semelhança com o art. 455 da *CLT* e os autores de prol a lembram nos casos de sucessão de empresa com reserva de domínio, nos de arrendamento, na promessa de venda de coisa futura (que é o caso concreto), para concluir que, na hipótese de insolvência ou outro motivo de liquidação, a obrigação do primitivo titular (dono ou empregador) se perfaz, tornando-o parte legitimamente passiva. Tais obrigações nascem de uma espécie de solidariedade que advém dos riscos de conservarem a propriedade da terra ou do estabelecimento arrendado, prometido irretratavelmente ou vendido com reserva de domínio.

Ilustram a situação os construtores do nosso Direito do Trabalho, *A. Süssekind, Dorval Lacerda* e *Segadas Vianna,* quando ensinam:

> Somos, nesse caso, de inteiro acordo com Souza Neto, afirmando que, conservando o empregador originário a propriedade do estabelecimento, subsiste ainda, de sua parte, uma certa responsabilidade dos riscos, de modo que se poderia invocar a sua **solidariedade**, que **é uma verdadeira fiança** ao cumprimento do contrato de trabalho.

Ora, a solidariedade aqui tratada é precisamente o inverso do que pensou o ilustre patrono dos reclamantes, porque se refere à corresponsabilidade de quem guardou a terra, seja pelo arrendamento, seja pela reserva de domínio, seja pela venda de coisa futura, irretratável, mas rescindível por falta de pagamento do preço ajustado.

A solidariedade em tais casos é uma espécie de fiança, melhor, de corresponsabilidade de quem procura conservar o estabelecimento, a propriedade da empresa ou da terra.

Jamais haveria solidariedade no sentido civilístico de escolha de qualquer dos devedores, para deixar ao talante da MM. Junta **a escolha de um dos apontados réus,** precisamente aquele que não é devedor de nada, para responder trabalhisticamente pelos contratos violados.

Houve, sem dúvida, uma inversão de preceitos desde a inicial, em que os autores, pelo seu patrono, criaram solidariedade, percorrendo caminho contrário, para absolver os que correram o risco de conservar a terra e a empresa e condenar quem avençou negócio jurídico sem proveito próprio dos fins da empresa "Lagoa Feia", visando a outra situação de mera natureza civil, tal como foi o contrato de aluguel de equipamento mascarado de subarrendamento.

Ainda que subarrendamento fosse, por absurdo, porque outro era o fim da avença entre o consulente "A" e o empresário "C", jamais também se justificaria a condenação do subarrendatário, absolvidos os primitivos donos ou empresários, como aconteceu no julgamento da MM. Junta.

Os escritores italianos que estudam a parassubordinação, o trabalho adventício e o trabalho independente, a serviço de uma empresa, só identificam relação de emprego quando a colaboração do prestador de serviço insere-se na *azienda* empresarial, de modo a justificar subordinação rarefeita e apropriação do resultado do trabalho pela empresa à qual oferece e presta seus serviços.

O professor *Edoardo Ghera*, da Sapienza (Univ. de Roma, Itália), chama a essa participação de *"funzione collaborativa"*, que induz uma subordinação, uma relação de emprego *larvada,* muito diferente de qualquer participação, colaboração, trabalho *stricto sensu,* que sejam paralelos ou laterais à organização em que se inserem.

O TRT da Região, em 1989, decidiu, nessa linha de raciocínio, na seguinte ementa:

Se o trabalho insere-se na *azienda* empresarial, a atividade do vendedor viajante não é mera representação mercantil mas lídima relação de emprego. Tal não seria o trabalho paralelo ou adventício prestado à empresa, sem se confundir ou integrar-se aos seus fins.

Não difere a assertiva da Civilística dos negócios jurídicos que se concertam, por simples justaposição de titulares na complexidade das aparências que a vida moderna oferece. Daí dizer-se com *Palandt*, um dos mais autorizados comentadores do BGB, que ocorre, em casos tais, uma "competência externa transbordante", espécie de excesso ou sobra de uma relação jurídica complexa, negócio jurídico entre pessoas com liberdade de contratar e com inteira liberdade contratual, na feliz expressão de *Arnold Wald.*

Na verdade, o consulente, visando a usar equipamentos sem proveito próprio, para um teste de equipamento similar em sua fazenda, para criação de gado confinado, mantinha típico negócio jurídico em simples e mera união externa com o empresário "C", sem usufruir ou lucrar qualquer vantagem do empreendimento "Lagoa Feia", cujo dono era "B".

Tal negócio tomou, na terminologia jurídica alemã, na obra de *Siebert* (publicada em 1933, *O Negócio Jurídico da Relação Fiduciária – Das rechts geschaeftliche Treuhandverhaltnis),* a denominação de fidúcia administrativa sem proveito próprio *(die uneigen neutzige Vervaltungs treuhand),* eis que a cessão de uso dos equipamentos da "Lagoa Feia", publicamente paralisada na sua atividade-fim, configurava negócio jurídico à parte, do qual somente o cedente "C" tirava proveito ou vantagem.

Quando tudo indicava outra solução judicial, sobreveio a sentença da MM. Junta, com a disposição já mencionada e com o acréscimo de haver substituído o fundamento do Direito afirmado na inicial, que era a solidariedade, por outro não cogitado, que passou a ser a sucessão econômica.

Ainda que, pela moderna doutrina processual, bastaria que o autor houvesse indicado os fatos para que ao julgador coubesse a obrigação de enquadrá-los na hipótese legal, tal não aconteceu nos autos, quando a MM. Junta fez incidir sobre os fatos a regra jurídica da sucessão, sem atinar a circunstância de que não pode ser sucessor quem, por qualquer negócio jurídico, transborda ou excede dos fins da empresa que gerou contratos de trabalho.

Basta ouvir a palavra autorizada de *Coqueijo Costa*:

Segundo os arts. 10 e 448 da *CLT,* dois são os requisitos para configurar a sucessão: uma unidade **econômico-jurídica** que passa de um para outro titular e que **não haja solução de continuidade** na prestação de serviço na mesma **atividade econômica**.

De *José Martins Catharino*:

O principio fundamental para efeito da sucessão é o de que a relação de emprego **segue o patrimônio da empresa**, que possibilitou seu nascimento, sua continuidade e possibilita sua efetiva garantia.

De *Pinho Pedreira*:

Inexiste sucessão de empregadores quando entre eles **falta identidade** e mesmo similitude ou conexidade da atividade desenvolvida.

De *Câmara Rufino*:

Responde pelas obrigações derivadas de contrato de emprego quem se investe na **titularidade do domínio e posse** dos bens aplicados na atividade econômica extinta.

É unânime dos mestres e juízes que a sucessão supõe a titularidade, a transferência da titularidade, a mudança subjetiva, o domínio da coisa aplicada na atividade econômica, a continuação da atividade-fim da empresa.

Obscurecidas as lições, o consulente, que não é dono, nem substituiu ninguém na titularidade do negócio da "Lagoa Feia", que não manteve a atividade da empresa ali instalada, nem chegou a praticar nem mesmo os atos que pretendeu de teste e experiência de equipamentos, foi o único responsável pelos empregos desfeitos judicialmente.

As razões de sua consulta estão aclaradas no presente parecer.

A POLÊMICA DA INDENIZAÇÃO DO DANO MORAL E SEUS REFLEXOS NO DIREITO DO TRABALHO

"Infandum, Regina, jubes renovare dolorem" — Ó rainha, mandas que relembre uma abominável dor (VIRGÍLIO, *Eneida*, II, 3).

1. INTRODUÇÃO

A questão é prevalecentemente de Direito Civil, porque entram na liça, para aceitá-la ou rejeitá-la, romanistas e civilistas, historiadores do Direito ou legisladores e escritores do renome de *Windscheid, Dernburg, Carmelo Scuto, Colin e Capitant, Georgio Giorgi, K. Larenz, Clóvis Bevilácqua*, em encontrar a "fórmula de procura" que assente conclusões duradouras sobre o tema[1].

Diga-se mais, em abono da afirmativa, que a indenização do dano moral, podendo nascer de relações contratuais, tende a interessar ao Direito do Trabalho, tanto quanto, no ilícito tipicamente trabalhista, a questão sugere transferir-se da inexecução de obrigações para o campo da reparação do dano sofrido. Simples lesões individuais ou lesões massivas praticadas contra empregados, por

---

(1) Cf. do autor *Um caso de ressarcimento de dano*. In: *Revista dos Tribunais*, v. 56, n. 1, p. 47. SCUTO Carmelo. *Teoria generale delle obligazioni*. Terza edizione aggiomata ed ampliata. Napoli: Ed. Lib. Internazionale Treves de Leo Lupi, 1950. p. 63 e 155. COLIN et CAPITANT. *Précis de droit civil, publié d'après le cours de droit civil français*. tome second, 10. ed., p. 152. Paris: Dallez, 1950. LARENZ, Karl. *Lehrbuch dês schuldrechts*, I.C.H. Beck´ScheVeriagsbuchhandlung, *Munchen, und Berlin*, 1953, § 24, s. 216.

V. também do mesmo autor *Base del negocio juridico y cumplimiento de los contratos*, trad. de Carlos Fernandez Rodriguez, Madrid: Editorial Rev. de Derecho Privado. Cf. o cap. IV, item II, sobre as consequências jurídicas da falta ou desaparecimento da base do negócio, e as perturbações da relação de equivalência e da frustração da finalidade do negócio. A lição do prof. Larenz, de Kiel, ajuda a entender na frustração dos contratos ou na perda de sua base negocial a questão do dano moral a uma das partes, sugerindo revisões, rescisões e certa rejeição à pessoa atingida moralmente.

V. *Petit dictionnaire de droit* RÉAU Roger e RONDEPIERRE Jean, *et autres*. Paris: Dalloz, 1951, *verb. dommages-intérêts*, p. 473; *obligations*, n. 33, *responsabilité civile*, n. 42, p. 892 e 1.108. Cf. VHIWEG, Theodor. *Tópica e jurisprudência*. trad. de Tércio Sampaio Ferraz Jr. Ed. Univ. de Brasília, 1979, sobre a expressão "fórmula da procura".

prepostos mal eleitos, podem gerar interesse moral de terceiro fora de toda a construção teórica da culpa na fixação da responsabilidade pelo dano emergente e seus efeitos.

A fronteira viva com o Direito Penal reacende a discussão entre punição e reparação, enquanto o acervo teórico de que dispõem juristas e juízes está incontestavelmente nas arraias da Doutrina dos civilistas.

A tal ponto a Civilística interfere na questão aflorada que, em precioso trabalho de pesquisa, o professor baiano, *Luiz de Pinho Pedreira da Silva* lança, na conclusão, o convite aos laboralistas a encetarem as bases doutrinárias que radiquem, no Direito do Trabalho, a indenização do dano moral fora das indenizações taxativas que, complessivamente, alcançam até agora a inexecução das obrigações trabalhistas e suas consequências[2].

É de ver ainda que a revisão imposta em todo o edifício jurídico, pelo que *Jean Carbonnier* chamou de *"l'angoisse contemporaine"*, leva inevitavelmente à flexibilização do Direito em geral, refletindo a necessidade de permeabilizar as sólidas estruturas e os velhos arcabouços com as **fórmulas de procura** da convivência pacífica mais adequadas ao estágio crítico em que vivemos[3].

Daí, portanto, observar-se a migração de institutos de um departamento para outro do Direito e, não raro, questões visivelmente de Direito Privado são lança das em cheio no mais típico Direito Público, o Direito Constitucional[4].

Não é demais também que o Direito Constitucional sobrepasse antigas declarações programáticas e sugestivas, e as substitua por direitos públicos subjetivos, com acionalidade, na tentativa de dar aos seus dispositivos a resposta ideológica dos nossos tempos e sua maior **carga de decisão social**[5].

---

(2) PINHO PEDREIRA. A reparação do dano moral no direito do trabalho. In: *Revista LTr*, São Paulo, n. 05, ano 55, p. 552, maio 1991.

(3) Cf. CARBONNIER, Jean. In: *3 estudos*, do autor, ed. do TRT da 5ª Região, 1980.

GOMES, Orlando. *A crise do direito*. São Paulo: Max Limonad. 1955; idem, *Direito e desenvolvimento*, publicações da Universidade da Bahia, 1961. Série II.

V. do autor *A desestatização das relações de trabalho*, Anais do Congresso sobre "Direito do Trabalho e Nova Constituição". Curitiba: Juruá, fev. de 1989, promoção da AMATRA – 9ª Região, sob a presidência de Euclides Alcides Rocha.

V. SOARES, Ronald. Flexibilização – Um tema atual no direito do trabalho. In: *Revista LTr*, ano 55, n. 4, p. 404 a 406. abr. 1991.

(4) Cf. SAVATIER, Rene. *Du droit civil au droit public*, 2ième ed. Lib. Gen. de Droit e Jurisprudence, 1950.

(5) Cf. SÜSSEKIND, Arnaldo. *Direitos sociais na constituinte*. Biblioteca Jurídica Freitas Bastos, 1986. p. 46. V. também TOFFLER, Alvin. *A terceira onda*. 4. ed. trad. de João Távora. Rio: Recorde. A Toffler é que se deve a expressão "carga de decisão social".

2. O DANO MORAL COMO UM "TERMO INDETERMINADO"

No próprio Direito Civil a noção de dano moral corresponde a um termo indeterminado, de significado polissêmico, dividindo escritores e juízes pelo ângulo de sua indenização.

Leciona *Eric Wolf*, da Universidade de Bâle, que, já ao tempo do Código das Obrigações, de 1881, muitos termos genéricos, tais como **atos ilícitos, erro, atos contrários aos costumes, negligência, enriquecimento indevido** "falam claramente do poder de apreciação do Juiz"[6].

É ainda o mesmo *E.Wolf* quem diz que, na elaboração do Código das Obrigações e da Constituição, o legislador suíço adota termos genéricos, chamados na Doutrina de **termos indeterminados** e, ao fazê-lo, "delega ao Juiz a tarefa de fixar o seu sentido através de decisões sobre casos concretos.

Existe um silêncio proposital do legislador, enunciando **noções de valor** *(Wertbegriffe)* sem as definir, ficando aos Juízes a responsabilidade do preciso conteúdo de tais termos[7].

Com relação ao dano moral, em síntese de mestre, observa *Caio Mário da Silva Pereira* que o ponto é dos mais polêmicos e controvertidos na Civilística, principalmente quando se trata de seu ressarcimento. Há, de um lado, os que negam tal possibilidade *(Pothier, Brinzi, Keller, Chironi)* sob o fundamento de que a reconstituição de um patrimônio lesado não se dá pela reparação do dano moral apenas. De outro lado, estão os que admitem que, além do patrimônio em sentido técnico, está o indivíduo como titular de direitos de sua personalidade (integridade física, liberdade, honra), que não podem ser impunemente atingidos. Por fim, existe uma terceira direção *(Dernburg, Giorgi)* que só admite a reparabilidade do dano moral quando este chegar a atingir e afetar a integridade do patrimônio.

Decorre dessas direções que os primeiros afirmam ser a dor inindenizável em dinheiro, porque bem jurídico inestimável. Os segundos afastam o óbice, afirmando que o titular do direito não comercia com a dor, tendo inegável direito à reparação de um direito violado. A última corrente reúne os que entendem somente indenizável a dor física ou moral sempre que tal violação atingir a integridade do seu patrimônio[8].

---

(6) WOLF, Eric. Les lacunes du droit et leur solution em droit suisse. In: *Le problème des lacunes em droit*, PERELMAN, Chain. Bruxelles, 1968. p. 109.

Cf. do autor *O superdireito nas relações de trabalho*. Editora Dist. de Livros Salvador Ltda., 1982. p. 60.

(7) V. do autor *O superdireito...*, *op., cit.*, p. 160 e 161.

(8) Cf. PEREIRA, Caio Mário da Silva. *Instituições de direito civil*. 6. ed. Rio de Janeiro: Forense, 1981. v. II, p. 293-296.

Tais divergências acentuam a ideia de um termo indeterminado, embora seja certo que a tendência moralizadora do Direito contemporâneo mostre indisfarçável o cabimento da indenização do dano não patrimonial.

3. O PREJUÍZO DEVE SER CERTO

Tudo gira em torno de saber se o prejuízo é certo, isto é, se a ofensa desfalcou ou desfalcará o patrimônio, o corpo ou a condição humana, de modo definitivo ou dificilmente reparável. Não implica saber se os prejuízos são contemporâneos ou se no futuro venham a se tornar certos, posto que danos futuros certos devem ser indenizados.

Ensinam *Colin* e *Capitant* que *"le préjudice futur doit être reparé s'il est dès à present certain qu'il se produira"*[9].

No Direito brasileiro a linguagem alternativa do art. 1.538, **in caput,** do C. Civil não desautoriza o ressarcimento do dano sofrido pela pessoa humana no seu corpo ou na sua inviolável dignidade. Aliás, o art. 76 do C. Civil também deixa claro que, para propor uma ação, é necessário ter-se legítimo interesse econômico ou moral.

Desde o antigo Direito Civil português o dano não era somente nos bens da fortuna, mas "no corpo, na honra, na liberdade"[10].

Conforme se lê na reprovação de *Giorgio Giorgi* ninguém mais entende que "as dores, os prazeres, a vida, a saúde, a liberdade, a honra, a beleza, não tendo preço, não podem ser ressarcidos"[11].

4. A AMPLIAÇÃO DO CONCEITO DE DANO MORAL

A Doutrina, refletindo a função social do Direito, como uma de suas fontes, vai ampliando a abrangência da responsabilidade objetiva e rubricando, fora do conceito de culpa, a reparação do dano.

A ideia de que reparar o dano é uma **função social** vai eliminando o pressuposto de culpa do agente, sobretudo na moderna matriz jurisprudencial da apreciação *(wertungs jurisprudenz)*[12].

---

(9) V. COLIN; CAPITANT, *op. cit.*, p. 152, n. 310, 1950.
(10) Cf. SOUZA, Hersílio de. Do dano moral. In: *Revista Acadêmica*, Recife, ano 32, p. 277, 1924.
(11) GIORGI, Giorgio. *Teoria delle obligazioni*. In: Hersílio de SOUZA, *op. cit.*, p. 289.
Cf. COLIN; CAPITANT, *op. cit.*, p. 152, quando observam: *La Jurisprudence actuelle va même plus loin. Elle décide que la douleur causée par la mort de le victime à ses proches ou alliés...*
(12) V. do autor *O superdireito...*, *op. cit.*

Entre nós, *José de Aguiar Dias* mostra a remodelação jurídica para exigir a responsabilidade dos incapazes, dos que praticam atos em estado de necessidade ou de legítima defesa, reforçando a responsabilidade indireta, criando a concorrência de culpas ou substituindo o subjetivismo das obrigações pelo princípio da **solidariedade, da garantia coletiva.** Tais princípios em verdade, não passam de mais **termos indeterminados** que o Direito contemporâneo cria, na esperança de preenchimento de lacunas legais e maior possibilidade de aproximar a Justiça do Povo.

Tais regras não podem tolerar que as pessoas que geraram o dano se eximam do dever de assistência ao danificado, como uma espécie da **função social** da regra jurídica.

Já o Código Civil alemão, no art. 823, estabeleceu:

Quem propositadamente ou por negligência ofende a vida, o corpo, a liberdade, a propriedade ou outro direito de alguém, é obrigado à reparação do dano causado[13].

O assunto ganha novas conotações no Direito atual, visando a proteger a condição humana, a cidadania, com a reparação em pecúnia, em caso de lesões dirigidas a bens não patrimoniais, pelo princípio da equivalência e da substituição da lesão irremovível, pela impossibilidade de uma reposição ao s*tatu quo ante,* como acontece com as ofensas à pessoa humana ou à dor moral.

Não é sem razão que a Constituição de 1988 inscreveu entre os direitos do homem e do cidadão, no art. 5º, inciso X, a inviolabilidade da vida privada, da intimidade, da honra e da imagem das pessoas, assegurando-lhes indenização pelo dano material ou moral decorrente de sua violação.

Conferiu o texto constitucional a acionalidade necessária a tais direitos, seja pela eficácia invalidante da lei fundamental em relação ao Direito anterior, seja para que tais direitos não se percam na pura declaratividade, posto que não é possível uma Constituição contenha, como lei fundamental, simples sugestões ou recomendações ao legislador ordinário, de hierarquia inferior[14].

Houve inegável ampliação da abrangência de reparação de dano a bens não-patrimoniais, ainda que, a rigor do texto constitucional, estejam limitados aos danos sofridos nos títulos ali referidos. Estariam fora do seu alcance a **dor física ou moral** (integridade corporal e psíquica), **a saúde, a beleza** entre outros **valores humanos** que resguardam a pessoa dos desesperos, aflições, restrições à liberdade

---

(13) Cf. BETTI, Emilio. *Système du Code Civil allemand.* Milano: Giuffrè, 1965. p. 93, § 36.
(14) Cf. SILVA, José Afonso da. *Aplicabilidade das normas constitucionais.* São Paulo: RT, p. 55-56.

individual sob a forma de cárcere privado, torturas mentais, sequestros, terror e suas sequelas emergentes no danificado ou nas pessoas de sua família.

A Constituição terá assim aberto caminho para conquistas mais avançadas, principalmente em casos de invasão de domicílio por sicários e **gangsters**, que reduzem pessoas inermes à condição de reféns, com as consequências indetermináveis de tais atos na vida, na saúde e na imagem do danificado.

É claro, que entre as dificuldades do inestimável e do indeterminável, existe o prudente arbítrio do Juiz, fixando o equivalente ao dano sofrido e à vista de prova de sua consequência, posto que o dano precisa ser **certo**, isto é, demonstrado pelos efeitos deixados.

5. A INDENIZAÇÃO DO DANO MORAL A TERCEIROS

Assim, a indenização da dor moral de parentes, no caso do desastre do "Bateau Mouche", deve o Juiz guarnecer-se da certeza da lesão sofrida, que há de balizar a reparação pecuniária pela correlação aos prejuízos patrimoniais suportados em termos de remédios, médicos, internamentos, doenças adquiridas, contratos desfeitos, outros descumpridos, obrigações não honradas em função do desgaste moral causado.

A hipótese apontada abrange terceiros como beneficiários da titularidade da indenização, cujos direitos não patrimoniais foram violados pela culpa ou dolo dos promotores da excursão marítima.

O caso é semelhante ao lembrado por *K. Larenz*, do credor de alimentos que aciona o responsável pelo dano causado ao devedor que o atendia nas necessidades e que, em razão do dano, privou o devedor de prestá-los[15]. Em tais casos é indispensável fixar bem a relação de causalidade entre o ato que deixou de ser cumprido e o dano causado.

Suponha-se ainda outro caso ruidoso, em que um jornal acusou certo ator de televisão e cinema da prática de perversão sexual (**dendroerastia**) que o levou a acionar na Justiça o referido jornal, obtendo reparação pelo dano moral, **imagem** desfigurada e a perda de contrato já apalavrado com uma emissora de TV.

Se tivesse ocorrido a rescisão contratual, mesmo com a reparação pelo ato resilitório, o ator ainda teria ação de dano moral mais abrangente e mais completa, que a simples reparação do contrato desfeito[16].

---

(15) V. PEREIRA, *Caio Mário da Silva. Op. cit.* I, p. 293.

(16) Amparado em M.I. Carvalho de Mendonça, observa caio Mário que as perdas e danos podem ser postuladas juntamente com a obrigação principal. O descumprimento, em si, não converte a obrigação em alternativa. Assim, o credor pode exigir a *res debita* e as perdas e danos. Cf. *op. cit.* p. 291.

O nosso Código Civil cuidou da liquidação de obrigações por ato ilícito de forma a não deixar dúvida sobre pontos decisivos quanto a indenização a ser paga e em que consiste o atendimento de despesas e pensões alimentícias e como proceder nos casos de crimes contra a honra ou por ofensa à liberdade individual (arts. 1.537 a 1.553).

Ainda em relação a atos de terceiros, o C. Civil já fixa a responsabilidade do patrão, amo ou comitente pelos atos de seus empregados, serviçais e prepostos no exercício do trabalho que lhes competir. Mais recentemente a Lei n. 7.195, de 12 de junho de 1984, dispôs sobre a responsabilidade civil das agências de empregados domésticos, pelos atos ilícitos que estes últimos praticarem na casa do patrão ou empregador.

Outras leis posteriores ao Código Civil já falam expressamente em indenização de dano moral, tais como a Lei n. 4.117, de 27.08.62 (art. 81), e a atual lei de Direitos Autorais (Lei n. 5.988, de 14.12.73, arts. 25 a 28).

Por outro lado, a Doutrina já avançou suficientemente para, no dizer de *Caio Mário da Silva Pereira*, amparado em *Guido Gentile*, que "há de distinguir-se as duas figuras, a da indenização por prejuízo material e a reparação por dano moral: a primeira é reintegração pecuniária ou ressarcimento *stricto sensu,* ao passo que a segunda é sanção civil direta ao ofensor ou reparação da ofensa, e, por isso, liquida-se na proporção da lesão sofrida[17].

Aqui, a questão toca em mais um termo indeterminado, o enriquecimento indevido, de sorte a oferecer-se à vítima ou ao terceiro atingido "uma indenização de *damno vitando* e não de *lucro capiendo* para que a reparação fique nos limites do razoável[18].

6. O LASTRO TEÓRICO E HISTÓRCO DA INDENIZAÇÃO DO DANO

Para distinguir e apreciar essa correlação ou mesmo desfazê-la, existe imenso lastro teórico e histórico que merece examinado.

As fontes romanas e os comentários dos romanistas são todos no sentido de que, ao lado do dano patrimonial, havia também o dano moral. Ocorreu inegável evolução do conceito de dano, desde a Lei das Doze Tábuas, que só se referia ao patrimônio, até o direito pretoriano que concedia a *actio injuriarum estimatoria,* por quaisquer atos que prejudicassem a honra, a liberdade, o decoro, o pudor ou a reputação da pessoa ofendida. Entre esses pontos extremos, a admissão do dano não patrimonial começava a aparecer na *Lex Aquilia* nos casos de libertação do devedor com a remissão da dívida *(acceptilatio),* visando a frustrar possíveis adquirentes do título ou estipulantes.

---

(17) V. PEREIRA, Caio Mário, *Op. cit.* p. 297.
(18) *Ibidem*, p. 290.

A *Lex Cornelia* acrescentava aos danos indenizáveis o resultante da invasão de domicílio.

Certo é que, no *Corpus Juris Civilis* e no comento de *Paulo*, o dano era a diminuição do patrimônio (*Dig.* 39,2,2), ainda que o mesmo jurisconsulto *Paulo* diga claramente que havia bens que ficavam fora do patrimônio (*L.* 50,16,5). A lição dos romanistas *Charles Maynz, Edouard Cuq, Biondo Biondi* é no sentido de que a ação estimatória da injúria envolvia a pessoa em sua honorabilidade e não em seu patrimônio, abrangendo tanto os ataques físicos, que podiam diminuir a reputação do ofendido, como os ataques morais à personalidade[19].

No velho Direito dos germanos existia a indenização pelo dano moral ou o dinheiro da dor (*Schmerzensgeld*).

O Código de Napoleão, sem distinguir dano moral de dano material (art. 1.382), levou a doutrina e a jurisprudência francesas a admitir as duas espécies.

O Código Civil suíço não se afastou do entendimento mais seguido, quando manda conceder "uma indenização equitativa mesmo nos casos em que nenhum dano material existe"[20].

O Direito anglo-americano é intransigente na remediação pelos danos à pessoa, à sua reputação, tanto quanto em seus bens.

Deste modo a indenização dos danos morais que não estejam taxativamente previstos na Constituição de 1988 ou em leis ordinárias de Direito Civil, como é o caso da dor sofrida mental, psíquica ou fisicamente, também merecem proteção jurídica. A dor sofrida pelo danificado ou pela sua família tem um *substratum* moral que compõe o leque de nossas sensibilidades, traduzidas pela consideração pública, pela felicidade ou bem-estar pessoal, pela liberdade de ação e de pensamento, pelo direito ao silêncio, ao sossego, além de outros já referidos que, no todo, formam o acervo dos **bens-da-vida**.

O recente Código de Defesa do Consumidor (Lei n. 8.078, de 11.09.90) integra esse acervo de bens-da-vida, arrolando como direitos básicos do consumidor a proteção da vida, da saúde e da segurança contra riscos; direitos à informação adequada e clara sobre diferentes produtos e serviços, proteção contra a publicidade enganosa, entre muitos outros que tocam de perto com o termo indeterminado do enriquecimento indevido, principalmente dos que traficam com perigo e com agentes nocivos à vida e à saúde das pessoas.

No Código de Defesa do Consumidor, em relação ao Direito do Trabalho, o empregador é o produtor, o fabricante, o empresário, o importador.

---

(19) Cf. MAYNZ, Charles. *Cours de droit romain*. Bruxelles, 1877. tome II, p. 238. ARANGIO-RUIZ. *Instituciones de derecho romano*, trad. da 10. ed. italiana, por FERRO, Caramés, B. Aires, 1952; BIONDI, Biondo. *Instituzioni di diritto romano*. Milano, 1946, p. 347; SCUTO, Carmelo, *op. cit.* 53. V. do autor o artigo Locatio operarum. In: *Revista dos Tribunais*, Bahia, v. 51, n. 3, p. 314. V. SOUZA, Hercílio de. *Op. cit.*

(20) *Idem.*

Em qualquer dessas configurações, o empregador responde pela dor sofrida física, psíquica e/ou mental dos trabalhadores, pelo envolvimento com produtos que agridam a sua vida e sua saúde. Entre nós houve tentativa de vender metanol em postos de combustível.

Dir-se-á que a indenização acidentária, mediante uma reparação tarifada, devolve ou restaura o prejuízo sofrido. É de ver, porém, que os danos emergentes no que toca à convivência pacífica do trabalhador em sociedade poderão acrescer à punição civil da lei do acidente do trabalho uma reparação em dinheiro que ponha nas mãos do danificado uma quantia compensatória das sequelas e consequências do acidente já pago. Enfim, que se lhe dê o preço dos benefícios que deixou de desfrutar como um **bem-da-vida**.

7. OS CUIDADOS COM A REPARAÇÃO DO DANO MORAL

Em qualquer caso, porém, as perdas e danos não poderão ser arbitrários, ensina *Caio Mário da Silva Pereira*[21]. Nem, igualmente, é indenizável o dano remoto, entendido como a consequência ou sequela oblíqua ou indireta da culpa do ofensor, quando, no resultado gerado, outros fatores concorreram direta e imediatamente ao lado da obrigação descumprida ou do ato ilícito do ofensor.

O **metanol** vendido como aguardente em Santo Amaro, Bahia, causou a morte a muitas pessoas e trouxe sequelas físicas, cegueira total ou parcial a outros, bem assim perturbações neurológicas desencadeadas pela ingestão do produto. Será indispensável fixar a relação de causalidade, para evitar a indenização de dano remoto.

Os reflexos na família, o alimento de que seus filhos ficaram privados, são uma consequência que a indenização tarifada, só por só, não é capaz de restaurar o equilíbrio social perdido.

No entanto, no caso de aparecimento de sintomas de doenças ou deficiências das mencionadas será necessário exigir correlação entre a culpa do ofensor e o resultado observado.

De modo geral, os Juízes e a Doutrina reconhecem que as agressões sofridas pelas pessoas merecem maior proteção. Entanto, a proteção dispensada pela Lei prossegue, na prática, protegendo melhor os bens materiais, o patrimônio, as coisas.

Alega-se que os danos morais não se ajustam a uma reparação pecuniária porque são fugazes. Mas consideradas as circunstâncias de tempo, lugar e de pessoa, essas ofensas têm maior ou menor possibilidade de deixar consequências, segundo a idade, o sexo, as condições orgânicas, temperamento, personalidade de cada um.

Tal verificação deve ser deixada ao prudente arbítrio do Juiz e ao resultado das provas colhidas.

---

(21) Cf. PEREIRA, Caio Mário da Silva. *Op. cit.*, p. 292.

É verdade que a opinião dos doutores coincide no ponto em que o nosso Código Civil, seguindo o modelo do Código Civil alemão (arts. 253 e 823), aceita a indenização dos "**outros casos não previstos**" (art.1.553 Cod. Civil) nos limites dos arts. 1.547 e 1.552 do mesmo Código.

Longe desse entendimento não ficou o legislador constituinte de 1988, quando mandou indenizar as violações aos direitos taxativamente indicados (art. 511, inc. X, C.P.).

A indenização prevista no art. 1.553 citado, que se diz feita por arbitramento, não é novidade em direito privado, porque o Código Civil suíço, de 1912, já falava em indenização equitativa, como a configurar uma reparação a critério do Juiz, por avaliação de peritos diante das provas das sequelas deixadas pela ofensa moral aos bens-da-vida do danificado.

Aqui, paira sobranceiro o talento de *Teixeira de Freitas* quando registrou na Consolidação das Leis Civis (arts. 498, 800 e 801) que o delinquente está obrigado a satisfazer o dano que causar, de modo o mais completo possível, tanto em relação aos bens quanto ao "**mal que resultar às pessoas**", devendo tudo ser avaliado pelos árbitros em suas "**partes e consequências**"[22]. Todos os caminhos percorridos levam a crer na clarividência de *Teixeira de Freitas*, na apreciação e no julgamento do dano moral, de sorte que, indemonstrada a **consequência** deixada pelo "**mal que resultar às pessoas**", ficará extremamente difícil obrigar a reparar prejuízos extrapatrimoniais em relação ao danificado ou às pessoas dele dependentes.

8. OS REFLEXOS NO DIREITO DO TRABALHO

No Direito do Trabalho, em que muito melhor se exprimem esses avanços, na tentativa de trazer o Direito para Junto do Povo, têm inteira aplicação as regras jurídicas codificadas e o aproveitamento do acervo doutrinário já sedimentado pelos civilistas, no tocante à indenização pelo dano moral ao danificado ou à sua família.

Melhor do que qualquer outro laboralista, o respeitável *Jack Barbash*, discorrendo sobre a teoria das relações industriais devida a *John Commons*, seguindo a traça de *E. Mayo*, quer divisar o trabalhador além de uma simples unidade no custo de produção. Ao contrário, deve ser olhado como "um cidadão que desempenha uma função social"[23].

---

(22) V. *Consolidação das leis civis*. 3. ed. Rio de Janeiro: Garnier-Livreiro-Editor, 1896; v. também o código civil, Esboço, v. I, p. 267 e segs., edição do M.J.N.I., Serv. de Documentação, Rio de Janeiro, 1952.

(23) Cf. BARBASH, Jack. John Commons e lê teorie delle relazioni industriali. In: *Giornale di Diritto Del Lavoro e di Relazioni Industriali*, Diretto da GINO GIUGNI, Franco Angeli, Milano, n. 47, ano XII, p. 513, 1990.

Depois, *Henry Ford* revelaria a prática das ideias de *Commons* e *Mayo*, ao afirmar que, na folha de pagamento de seus operários não se espelhava apenas a cifra em dinheiro, a soma paga pelo trabalho, pois havia algo mais que o salário, tais como o remédio, a casa, o transporte, o combustível usados pelo trabalhador e sua família; a educação dos filhos, o lazer, a ópera, as peças teatrais acessíveis ao povo, as férias longe do vai-e-vem das cidades e das fábricas, os domingos com banda de música na praça do bairro[24].

9. AS "PASSAGENS LÓGICAS" DO DIREITO CIVIL AO DIREITO DO TRABALHO

Encontrar a solução adequada para tratar esses dados da realidade atual, que constituem a matéria-prima do Direito, é o esforço mais importante dos juristas, bem assim fazê-lo emergir sob a forma de "regra de conduta por um sistema de conceitos e um conjunto de técnicas"[25].

Para sentir-se mais agudamente a função social da regra jurídica do Trabalho, segundo os conceitos que a fixaram, as passagens lógicas e as técnicas experimentadas, de um momento a outro da vida econômica, foram abastecidas, como observa *Cessari*, sucessivamente pelo Direito Civil, pelo Direito Comercial e pelo Direito do Trabalho[26].

A "esses três momentos", leciona o Egrégio *Orlando Gomes*, "correspondem três funções do contrato de trabalho: no primeiro, quando a empresa é tida como um modo de exercício da propriedade, eis que o trabalho é um bem que o trabalhador vende ao empresário; no segundo, quando a empresa é considerada uma expressão da atividade individual do empresário, o trabalho deixa de ser uma simples mercadoria e, como fator humano, tem a destinação específica de cooperar para a projeção do empresário na produção; no terceiro quando a empresa é tratada como uma das peças importantes da vida econômica, o trabalho passa a ser estimado como a substância de uma atividade que constitui a expressão da obra coordenada de muitos indivíduos.

A mudança da função provocou a reelaboração doutrinal do contrato de trabalho, como está sendo feita nos países adiantados da Europa, principalmente na Alemanha e na Itália, reelaboração que atende, em caráter prioritário, aos bens pessoais do trabalhador, como a saúde, a intimidade, a liberdade individual e a dignidade pessoal"[27].

---

(24) *Idem.*
(25) Cf. do autor *O superdireito...*, p. 29.
(26) Cf. GOMES, Orlando. Aspectos da crise do direito do trabalho no Brasil. *Revista Nomos*, Cursos de Mestrado, Fortaleza, n. 02, p. 34.
(27) *Idem.*

10. CONCLUSÃO

As conclusões são as seguintes:

1. O dano moral, como um termo indeterminado, polissêmico, ingressa no Direito do Trabalho, observadas as passagens lógicas de um momento a outro da vida econômica com vistas à valorização do homem enquanto indivíduo, do trabalhador enquanto cidadão portador de direitos irrecusáveis.

2. Para realizar essa passagem, o Direito ao Trabalho contou com a flexibilização da ciência jurídica a migração de institutos e conceitos de um departamento a outro, permeabilizando o Direito Público e o Direito Privado, aclimando num e noutro ideias e noções anteriormente herméticas e isoladas.

3. A aplicação do conceito indeterminado de dano moral no Direito do Trabalho serve-se, plenamente, do acervo subsidiário da doutrina civilista que tem enfrentado, com abundante literatura, o tema estudado.

OS FUNDAMENTOS DOUTRINÁRIOS DA PARTICIPAÇÃO NOS RESULTADOS

1. Toda dificuldade que dimana do problema participacionista não se reduz aos lineamentos normativos do seu conceito e da noção exata de suas vertentes, mas à revisão das suas ideias matrizes, que há de começar pela substituição da locução "participação nos lucros" por outra mais próxima da realidade, que seria "participação empresarial".

A própria Constituição de 1988 abriu o caminho para a mudança conceitual quando, ao render-se ao misoneísmo econômico, acenou fortemente para o filoneísmo jurídico da expressão "resultados". É certo que o termo novo, o neoproduto legislativo, ficou em segundo plano em relação ao paleoproduto conhecido e surrado.

Assim, quer-nos parecer que, no problema da participação empresarial, além da superação de tabus sociais e econômicos, os termos da equação armada sobre conceitos tradicionais (lucro, trabalho subordinado, patronato, balanço, gestão da empresa etc.), que informam o jogo econômico da mais-valia, devem ser substituídos pelos "termos da equação gerada pela mais-valia social, ou seja, pela integração do empregado no organismo econômico, no respeito à cidadania, à solidariedade, ao operário enquanto cidadão, componentes ideais do que *Orlando Gomes* denominou "terceiro estágio das passagens lógicas do Direito do Trabalho"[1].

1.1. Em trabalho do ano de 1990, o respeitável, senão o maior, laboralista americano *Jack Barbash*, discorrendo sobre a teoria das relações industriais, devida a *John Commons*, observa que a abordagem do Estado nas relações de trabalho subordinado seria inevitável, ante a definição de *Marx* de que o trabalho produz sempre mais do que ele custa; até porque *Taylor* só o enxergava como um braço mecânico, cujos movimentos deviam ser racionalizados ao máximo, para que não se perdesse nada do que a sua energia seria capaz de produzir.

---

(1) Cf. GOMES, Orlando. *Aspectos da crise do direito do trabalho no Brasil. Nomos, Revista dos Cursos de Mestrado da Bahia, Ceará e Pernambuco*, Fortaleza, ano 2, n. 2, 1980; v. também CESSARI. Aspetti della crisi nel diritto del lavoro. In: *Simonetto – dir – sulla crisi del diritto*. Padova: CEDAM, 1973. Cf. GIUGNI, G. apud FERNANDES, Antônio Monteiro. *Autonomia e autotutela coletiva no direito do trabalho*. Lisboa: AAFDL, 1983.

John Commons, seguindo a traça de *E. Mayo*, ao contrário de *Taylor* e com os aplausos de *Barbash*, quer divisar o trabalhador além de uma simples unidade no custo de produção. Olha-o como "um cidadão que desempenha uma função social"[2].

Por igual, *Henry Ford*, a princípio aferrado ao mecanicismo de Taylor, ao inaugurar o *Henry Ford's System of Mass Production*, revelaria, depois, a sua adesão às ideias de *Commons* e *Mayo*, ao afirmar que, na folha de pagamento de seus operários, não se espelhava apenas a cifra em moeda, como o dinheiro do trabalho pago. Ele se envaidecia de ver também, no salário dos empregados, a casa, o remédio, o transporte, o combustível, a educação dos filhos, o lazer, a ópera, as peças teatrais acessíveis ao povo, as férias longe das cidades, os domingos com bandas de música na praça do bairro[3].

1.2. Quanto mais se pensa e se aprofunda o estudo das relações industriais vividas fora do Estado, de visível menor taxa de poderio, nascida da ingerência da lei ao tentar institucionalizar o conflito entre capital e trabalho, tanto mais se percebe que, ao lado da mão de obra criadora e dos agentes econômicos empreendedores, existe um *surplus* social, um resíduo que não se poderá atribuir nem ao capital nem ao trabalho desempenhado, mas creditado à obra comum da produção, evidenciado numa ideia, numa inovação, numa técnica sem autoria certa que, muitas vezes, decide o sucesso ou o insucesso da empresa[4].

Estão certos os que divisam, nos modelos econômicos, a síntese de tecnologia e humanismo, para atingirmos as grandes massas operárias com a participação nos resultados com a ajuda das máquinas e da remoção de práticas e costumes que ainda moldam as nossas relações jurídicas no campo da produção, inclusive estimulando "a poupança como base de todo incremento intencional de produção futura"[5].

Não será, por certo, da retribuição do trabalho que se há de pensar em poupança, mormente em países de economia desarticulada, mas de institutos paralelos ao do salariato, que clamam por disciplina legal, no momento difícil e penoso de atribuir ao empresário todo o resultado da obra comum da produção. Existe, sem dúvida, um resíduo que não está sendo retribuído ao fator decisivo da produção.

---

(2) Cf. Do autor. Desestatização das relações de trabalho como fundamento de negociação coletiva. *Jornal Trabalhista*, Brasília, 7 out. 1991, p. 1192.

(3) V. do autor. *As teorias da utilidade e os fundamentos da ciência econômica*. Salvador: IOB, 1962; v. também do autor, Desestatização..., *Jornal Trabalhista*, cit., e A desestatização das relações de trabalho e uma visão crítica das nulidades prévias da CLT, *Anais Jurídicos*, Curitiba: Juruá, 1989.

(4) Cf. Henry de Truchy e P. Reboud, respectivamente. *Cours d´economie politique* e *Précis d´economie politique*, apud *Deve ser admitida obrigatoriamente a participação dos empregados nos lucros da empresa?* Monografia do autor, Prêmio Anfilófio de Carvalho. Salvador, 1946.

(5) Cf., do autor. *Leasing*. Salvador. Distr. de Livros, 1972. p. 27, com referência a GALBRAITH, J. K. *Três modelos de nações em desenvolvimento*.

Já observei, ao estudar o *leasing*, que, na Conferência realizada em Konstanz pela Associação Econômica Internacional, os *experts* firmaram haver em todo modelo econômico uma taxa de contribuição muito importante devida ao trabalho, outra ao capital e, finalmente, um resíduo atribuído ao *know-how* e a outros elementos de ideias e inovações devidas ao homem na condição de trabalhador.

Assim, com base na fórmula de Cobb-Douglas, nos 4,1% da taxa média do crescimento econômico dos Estados Unidos, atribuem-se 2,3% ao trabalho, 0,7% ao capital e 1,1 % ao chamado resíduo[6].

Tal resíduo supõe capacidade técnica, empenho na realização das tarefas, simplificação de sequências operatórias que, aplicados ao processo organizado da produção, afiguram-se como fatores de produtividade[7].

O que mais recentemente se busca em termos de qualidade total, *empowerment*, outras parcerias entre a empresa e seus empregados, gerando mais sucesso, corresponde ao aproveitamento do que sobra do trabalho organizado e planificado nas técnicas administrativas conhecidas[8].

2. No texto constitucional em vigor, o respeito supersticioso ao vocábulo "lucro" era despiciendo; bastaria o legislador grafar "resultados", porque a disposição normativa constitucional já havia indicado o norte da questão ao firmar que tal participação seria desvinculada do salário (art. 72, inciso XI).

2.1. Na verdade, a expressão "lucro" é extremamente complexa na ciência econômica, na ciência contábil e no direito.

O ilustre *Afonso Almiro*, discorrendo sobre o posicionamento econômico-financeiro da empresa, em certa data e num mesmo estalão monetário, leciona com acerto ao dizer: "A carência de informações, supostamente básicas para a orientação do negócio, é suprida, geralmente, pela argúcia ou pela sensibilidade ou tino comercial do gestor. Os numerosos livros, registros e controles, que deveriam fornecer os elementos indispensáveis para a confecção dos balanços, balancetes e demonstrativos, estão quase sempre atrasados de muitos meses e até de anos... As informações sobre movimento de vendas, sobre estoques, compromissos assumidos, responsabilidades a pagar, créditos a receber são elementos da consulta diária, porque o balanço de uma empresa é uma síntese de sua contabilidade. É através dela que é demonstrada a situação econômico-financeira e se avaliam os lucros ou os prejuízos havidos em determinado período"[9].

---

(6) *Leasing*, cit., p. 27.

(7) *Idem*.

(8) Cf., do autor. *O quadro clássico dos contratos e a criação de novas figuras contratuais*. Jornal Trabalhista, Brasilia, 19 set. 1994, p. 899.

(9) V. ALMIRO, Afonso. O balanço das empresas e as novas medidas do valor monetário. *Carta Mensal*, Rio de Janeiro, n. 182, p. 31-6, maio 1970.

Os economistas em geral reconhecem que o lucro é um fenômeno versátil no que toca, efetivamente, à sua origem e seus elementos constantes. De fato, o lucro varia facilmente sob a influência de causas inesperadas que aumentam ou diminuem o custo de produção e o preço de venda.

Daí, simploriamente, dizer-se que o lucro é uma relação entre o excedente do preço de venda e o preço de custo. Entretanto, muito pouco importa o preço de custo alto ou baixo se o produto final não satisfaz um apetite ou se toma necessariamente útil. É o consumo, etapa final justificadora da produção, que se faz essencial para formar o rendimento líquido.

A mercadologia, o gerenciamento moderno, as técnicas de venda, fundadas em profundo lastro psicológico, decidem muito mais pelo lucro do que a especulação comercial, as invenções e os seguros contra o risco do negócio. A computadorização dos balanços decide, em fração de segundos, informações e consultas sobre o momento exato para o lançamento do bem no mercado, suas possibilidades e restrições em termos de leis protetoras do consumidor e até o *design* ideal na embalagem ou na apresentação do produto.

2.2. Esquematicamente, a mais-valia marxista traduz o lucro como sendo a fatalidade, a que fugir não poderá o ser humano que aluga a sua força-trabalho, de criar resultados com o seu esforço mal pago. Aliás, se a força-trabalho alugada pelo empresário não for capaz de produzir acima do necessário para se manter, nenhum valor criará e, portanto, o lucro será igual a zero, ou seja, matematicamente: quantidades iguais (resultado) com sinais contrários (trabalho X capital) destroem-se.

Donde a conclusão inevitável de que é do trabalho gratuito, do resíduo gerado pelo trabalho mal pago, que resulta o lucro.

3. Na sua frieza especulativa, a tese "plein d'un levain revolutionaire, ... a été refutée d'une façon definitive"[(10)].

As máquinas, multiplicando os processos de produção, a automação, a lei do trabalho, as revoluções científicas e tecnológicas, terminaram por sepultar a mais-valia marxista.

Os epígonos fizeram derivar, da tese abandonada, a teoria da mais-valia social, em que o empenho combinadamente tratado dos fatores da produção decide do sucesso ou do insucesso do empreendimento. A esse excedente, que se não pode atribuir apenas ao capital, ao empresário ou ao proprietário da terra, nem ao trabalhador simples ou qualificado, é que se chama mais-valia social. A sua vantagem doutrinária consiste no ponto em que a mais-valia social legitima o lucro que *Marx* considerou uma exploração e, ao mesmo tempo, atenua a fúria capitalista de assenhorear-se, por inteiro, do resultado do trabalho humano.

---

(10) Cf. REBOUD, P. Précis d'economie politique, *apud Deve ser admitida obrigatoriamente a participação dos empregados nos lucros da empresa?.*

4. Assim, o ponto crucial da questão participacionista não é o lucro em si mesmo, de extrema complexidade e difícil disciplina, mas o resultado, o interesse empresarial que une empregados e empregadores.

Tanto é certa a afirmativa *supra* que economistas e juristas porfiam, há décadas, para encontrar a fórmula da participação nos lucros[11].

No magistério de *Lúcio Gusmão Lobo*, o sistema, envolvendo lucros, supõe as mais variadas fórmulas e planos, bastando lembrar que, nos Estados Unidos, desde 1947, estão em uso "nada menos de duzentos (200) meios diferentes de participação nos lucros"[12].

Na verdade, são sistemas praticados individualmente por empregadores, onde ressalta a intenção de estimular a produtividade dos obreiros[13].

Outros distribuem-se em sistemas facultativos e obrigatórios, respectivamente na Europa, Estados Unidos e América Latina e países subdesenvolvidos. O Brasil ingressou na questão, em 1946, com a Constituição Federal concedendo, sob a forma de eficácia contida, a participação direta nos lucros empresariais. Entre os que a admitem obrigatória há os sistemas diferidos ou indiretos, mistos, sob a forma de ações e de ações de capital. Defendem outros um tipo de ação especial, a que chamam ações de trabalho, intransmissíveis, sistema lembrado no Código Social de Malinas e praticado em vários Estados americanos. Outros, mais voltados para o tratamento contábil, ressaem nos planos de bônus, de pensões com contribuições, de pensões sem contribuição do operário, plano de ganhos anuais, de participação na produção, de direção mútua, de salário proporcional ou plano Schüller; plano Rucker, em que se excluem do valor da produção todas as despesas de consumo, combustíveis, energia elétrica e serviços contratados. Dessa relação se tira a participação ou *"added value"*; o plano Scalon, que cria um padrão monetário estável entre as oscilações da produção, do mercado e da moeda forçada, como que acima e fora dos efeitos da inflação ou da deflação monetárias[14].

Só por isso bastaria para sentir-se o feixe de determinantes e determináveis diretas e indiretas que entram na composição do lucro.

---

(11) A Constituição Federal de 1946 já está perto de meio século de publicada e nela surge o problema da participação nos lucros no Brasil.

(12) Cf. LOBO, Lúcio Gusmão. *Participação nos lucros*, Serviço de Documentação do então Ministério do Trabalho, Indústria e Comércio, 1959.

(13) *Idem*; v. também FONTES, Lauro. GOTTSCHALK, Elson e BORBA, Gelmirez G. *Produtividade*. Bahia: Fundação Paulo Emílio Odebrecht, 1982; cf. ainda, *Alguns problemas brasileiros*, do Conselho Técnico-Consultivo da Confederação Nacional do Comércio, Rio de Janeiro, 1955, p. 135.

(14) V. LOBO, Lúcio Gusmão. *Participação nos lucros*; cf. RAY; MOUSSERON. *Droit du travail*. Liaisons, 1991.

4.1. Ainda há os que buscam a solução na modalidade jurídica da participação, defendendo a convencional em lugar da legal[15].

Há obstáculos também a vencer no que tange à obrigatoriedade, ingresso direto ou indireto nos lucros, tornando a vantagem acenada no capítulo dos direitos sociais um "canto de sereia" longínquo e débil senão um "paraíso de chicanas", que já está completando, entre nós, meio século de esperança desfeita.

4.2. Com efeito, o que se procura, como fórmula de justiça social, é a integração do empregado na empresa, pelo que a sua participação será sempre nos resultados, jamais nos lucros, pela miríade de inconvenientes que a palavra sugere. Muito mais ainda porque juridicamente a participação nos resultados não será jamais uma parceria, de sorte a que o empregado assuma o compromisso de participar dos prejuízos. Na verdade, o empregado integra-se na empresa, inclusive para ter acesso ao seus interesses, jamais nos riscos do negócio, do empreendimento, que constitui álea a ser suportada apenas pelo empreendedor. Por outras palavras, participar dos resultados não significa também participar dos riscos do negócio, mas, efetivamente, integrar-se nos prejuízos, quando o insucesso bater à porta do empresário.

A velha e conceituada definição de *Charles Robert* de que a participação consiste em retribuir o trabalho com uma parte dos lucros, sem participação nos prejuízos, não é verdadeira, porque a participação nos resultados supõe participar de lucros ou de prejuízos, propriamente ditos. Apenas a responsabilidade pelos riscos é que o empregado não pode assumir, justo porque o seu trabalho é basicamente subordinado e tecnicamente dirigido pelo empresário.

Guillermo G. Islas atenta para essa questão quando, ao tratar da participação dos lucros sem participação nos prejuízos, refere-se "a participação propriamente dita"[16].

Sem dúvida, recorda *Emile Waxweiler* que a aplicação da participação nos lucros em propriedades agrícolas acabaria por confundir-se com a parceria rural e com a figura do colono parciário ou cessionário.

Embora com certas afinidades, a distinção é evidente, pois, enquanto o parceiro cessionário tem a retribuição do seu trabalho sujeita às incertezas do lucro, na participação do empregado nos resultados existe um salário convencionado, independente do sucesso ou do insucesso da empresa[17].

Assim, exprime-se melhor a necessidade de modificar o texto constitucional, no art. 72, inciso XI, excluindo a palavra "lucros", para figurar apenas resultados, uma vez que o empregado não é parceiro cessionário do empregador, não assume a

---

(15) TEIXEIRA, João Régis Fassbender. *Participação do trabalhador nos lucros da empresa?* Curitiba, 1987; v. do autor, a monografia citada.

(16) *Idem*; do autor, *Deve ser admitida...?*

(17) V. LOBO, Lúcio G. *Participação nos lucros* e, do autor, a monografia já citada.

responsabilidade pelos riscos, mas, integrado à empresa, participa também dos prejuízos, hipótese em que não pode pleitear qualquer interesse.

5. Já conhecidas as proporções de Cobb-Douglas na formação do incremento empresarial, a cada resultado anual seria atribuída à coletividade obreira na empresa a taxa de 1,1 % de interesse ou, na inexistência de resultado positivo no empreendimento, as contas empresariais, sujeitas a consulta e informação sindical[18], indicariam a participação operária sem lucro.

O texto citado permaneceria, desvinculada da remuneração do operário a sua participação nos resultados, sem a responsabilidade pelos riscos[19].

6. À guisa de conclusões, decorre do exposto que a participação deve ser obrigatória nos resultados, sem responsabilidade do empregado pelos riscos da empresa.

Em havendo resultado positivo, a comunidade operária do empreendimento faria jus a um interesse igual a 1,1 % sobre o valor líquido da produção, nos termos, *added value*, do plano *Rucker*.

O legislador, abandonando o termo "lucro", polivalente, complexo e indeterminado, pelo vocábulo "resultados", em texto de poucos artigos, salvaguardaria o compromisso de dar à classe trabalhadora um tratamento lógico e sumamente justo.

---

(18) Sobre consulta e informação, v. de SÜSSEKIND, Arnaldo. *Convenções da OIT,* São Paulo; LTr, 1994; cf., também, TREU, Tiziano. Cogestione e partecipazione. *GDLRI*, Milano: Franco Angeli, n. 44, ano 11, 1989. p. 596.

(19) O art. 7º, inciso XI, da Constituição Federal poderia ser redigido do seguinte modo: "participação nos resultados, desvinculada da remuneração, sem responsabilidade nos riscos empresariais, e...".

A NATUREZA JURÍDICA DO TRABALHO A DISTÂNCIA

1. INTRÓITO

Para estabelecer correlações entre fenômenos sociais ou mesmo tentar uma relação constante entre quantidades variáveis de fenômenos mais ou menos semelhantes ou convergentes, a metodologia das ciências humanas aconselha *filtrar* o compósito social, depurar o pluralismo em que os fatos flutuam e, assim, focalizar a realidade para apreender peculiaridades, como se fosse um *mapa* nos seus dados essenciais.

De fato, no espaço social há simplesmente contingências, formas transitórias que estão sendo e deixando de ser e cujas relações e interdependências, frequência ou semelhança tendem a inculcar no observador certas *uniformidades,* que ajudam a entender não apenas o *porquê,* mas *como* se passam as coisas.

O clássico *Franz Oppenheimer*, citando *Simmel*, dizia que cada ciência se acha engastada em meio a dois domínios filosóficos... Um deles é a teoria do conhecimento; o outro, a metafísica de cada ciência particularmente considerada[1].

Por isso, sendo impossível separar, realmente, os fatos sociais como as ciências exatas separam, no *corpo concreto,* o corpo geométrico ou o corpo químico, reduzi-lo, como faz a mecânica racional, a um simples ponto, a tecnologia das humanas recomenda, no *corpo social,* depurar os fatos que servem a um estudo econômico, porque tais fatos são os mesmos que servem para um estudo jurídico, político ou sociológico.

Tanto é assim que não cabe afastar do campo da Economia Política os conceitos de necessidade, gosto, preferência socialmente sentidos que traduzam ou tenham expressão quantitativa em salários, capacidade aquisitiva do trabalhador, lucros empresários, preços ou qualquer valor mensurável que leve ao cálculo de novos custos de produção, novas inversões de capital para o consumo dos bens produzidos.

1.1. O fenômeno da globalização, os prognósticos desanimadores sobre o desemprego e os desequilíbrios sociais e políticos, que resultam dessa crise que tortura os povos em desenvolvimento e ameaça a estabilidade dos bem-sucedidos, são

---

[1] Cf. *L'economie purê et l'economie politique*. Trad. M. W. Horns e H. Stelz, t. 1, p. XIII, liv. Giard e Brière.

questões indissociáveis da terceirização como oponente do contrato de emprego e seu esgotamento pela forma clássica do contrato por tempo indeterminado e suas consequências na economia das empresas.

A estabilidade de qualquer sistema supõe um diálogo permanente sobre as causas da injustiça social e o aparecimento de contingentes de trabalhadores válidos à espera de ocupação, trabalho, atividade, emprego, função ou equivalente, que atendam à satisfação das necessidades existenciais.

A reengenharia do contrato de trabalho, para combater o desemprego, cria um processo socioeconômico de "externalização" (*out-sourcing*) de atividades que possam criar ocupações pagas, serviços autônomos, independentizados que prestem serviços à empresa e não, necessariamente, na empresa.

Pelos caminhos do contrato de gestão e o aparecimento, em lei, das agências executivas, também o Estado (Leis n. 9.648 e 9.649, de 27.5.1998) começa a alinhar-se no processo de externalização, para mudar as relações laborais nos entes públicos.

1.2. Com efeito, as questões enfrentadas pela ciência jurídica contemporânea acenam para uma metodologia que seja suficiente para desmontar o arcabouço de normas envelhecidas e desgastadas pelo uso, mas que ainda são capazes de repelir inovações no campo "minado" das relações econômicas.

Certo misoneísmo pelas fórmulas consagradas, ossificadas numa jurisprudência morna, acomodatícia, afasta as tentativas de se introduzirem ideias novas, senão quando cria obstáculos a essas ideias, quase sempre sob a suspeita indicada pelo sábio Rudolf von Jhering, de que "toda verdade profunda e nova passa pela fase de exageração"[2].

Certamente, por isso, a ciência usual não adere, de pronto, aos novos lineamentos nem às reflexões que armam o braço da dúvida sobre a segurança e a praticabilidade dos institutos em vigor.

1.3. As formas novas contratuais, importadas ou não, fazem o contraste com a estrutura jurídica engessada nas parêmias e gnomas tradicionais. Falam, com insistência, numa regeneração de métodos e fórmulas que busquem a convivência pacífica mais próxima da desejabilidade dos atores da cena conflitual dos interesses.

Em muitos pontos reaparece a convicção do "fim das certezas", como diz *Ilya Prigogine*; aumenta a dúvida sobre a durabilidade dos postulados e das regras havidas como imutáveis; acredita-se, igualmente, por encerrado o autoritarismo dos códigos e a sua substituição pelos microssistemas mais flexíveis e ajustados ao Estado do bem-estar para todos[3].

---

(2) V. do autor deste artigo, "Os mestres que não conheci". In: *3 estudos*. Salvador, TRT da 5ª Reg., 1983.

(3) Cf. *O fim das certezas*. São Paulo, Fundação UNESP, 1996; também GALBRAITH, John Kenneth. *A era da incerteza*. 5. ed. São Paulo: Pioneira, 1983.

2. AS FORMAS PRODRÔMICAS DO TRABALHO À DISTÂNCIA

O trabalho, como esforço físico e mental aplicado à produção de bens, na idade de ouro do contrato subordinado, já era visto nas fábricas com economia de espaço, de energia, de intervalos de jornada, de despesas com alimentação ligeira e outras obrigações, ainda que guardasse a natureza de atividade desenvolvida sob a direção técnica e jurídica do patrão. São normas predominantemente de origem estatal (leis, decretos, portarias, ordens de serviço), mas convivem aí também regras ditadas pela atividade negocial, cujo resultado reflete a autonomia da vontade em acordos coletivos, convenções coletivas e contratos individuais de trabalho.

Às vezes, situações jurídicas imprecisas, de fronteira viva com o contrato de emprego, tais como a atividade dos pracistas, vendedores, viajantes, viajantes-propagandistas, atividades tecnicizadas como a de jornalistas, químicos, corretores, biólogos, biomédicos, técnicos de segurança e outros, em que a subordinação se rarefaz, à vista de trabalho desenvolvido externamente, guardavam observância de regras técnicas emanadas do patrão e certo condicionamento de horário. Em qualquer caso, no entanto, o fundamento da relação jurídica de trabalho era a *subordinação* — traço conspícuo do contrato de emprego[4].

O trabalho executado no domicílio do empregado não se confunde com o trabalho doméstico nem com o trabalho familiar ou a oficina caseira entre pessoas de uma mesma família. *De Litala* diz que o trabalho em domicílio tanto pode ser um contrato de locação de obra como um contrato de locação de serviços. Não é um artesão, que realiza o trabalho com independência, pois quase sempre está vinculado, por contrato de obras, ao empresário, trabalhando por conta alheia[5].

É, sem dúvida, um trabalhador sujeito à lei de proteção do trabalho e, entre nós, está sujeito à CLT, com direito a férias, a rigor do art. 131, IV, consolidado.

Lembra também o citado *Gronda* que, em relação a certas tarefas (*v. g.*, a safra de cana-de-açúcar) existem pessoas chamadas "conchabadores", que têm por objetivo "enganchar" certo número de obreiros num estabelecimento.

A questão jurídica, semelhante à do "gato" ou "negreiro" na zona rural brasileira, é a de saber se se trata de intermediário ou mero empregado da empresa atuando externamente, ou de trabalhador por conta própria.

Na verdade, "conchabador" ou "gato", o aliciamento como simples oferta de trabalho *(a hipótese pode configurar também crime — CP, art. 207)* é ato praticado por preposto ou executor de ordens patronais.

---

(4) Observa Ramirez Gronda (*El contrato de trabajo*, Buenos Aires, La Ley, p. 232) que a expressão "contrato de emprego privado" aparece num despacho de uma Comissão parlamentar italiana, de 1915, como uma variedade de contrato de trabalho. V. também sobre o ponto a obra de LITALA, L. de. *El contrato de trabajo*, trad. Ital. S. Santis Melendo. Buenos Aires, Lopez & Etchegoyen, 1946. p. 16 e s.

(5) Cf. de LITALA. *El contrato de trabajo*, cit., n. 7, p. 16.

Tais formas de atividade, fora do espaço empresarial, nem por isso deixam de inserir-se na empresa, sob o manto da subordinação. São empregados.

Figuras mais recentes geradas na terceirização, o trabalho voluntário executado em outros serviços extraempresariais, bem assim as fórmulas de combate ao desemprego participam dessa reinvenção do trabalho, ajustando-o às mudanças ditadas pelas revoluções científica e tecnológica.

O acesso ao mercado de trabalho, através de empregos duráveis, vai ficando muito escasso, seja pela modernização do parque industrial, seja porque o contrato de emprego é componente muito pesado no êxito empresarial.

Para salvar a estrutura danificada do contrato de emprego, as empresas recorrem ao *turnover*, como uma "espécie de alívio sistêmico de gastos permanentes"[6].

A adoção do sistema é indício de que as empresas não estão interessadas em manter operários ociosos, ainda que utilizando a massa operária alternativamente. O *downsizing* dos quadros de trabalhadores é uma fatalidade.

3. A FORMA ATUAL DO TRABALHO À DISTÂNCIA

A interpretação tecnológica da História chegou, também por inevitável, ao arcabouço jurídico que protegia o trabalho na criação de riquezas. A revolução cibernética, pela informática e pela telemática, tornou obsoleto um arsenal de princípios e regras protetivos do contrato de emprego, possibilitando negócios a distância sem a platitude dos contratos escritos e firmados entre atores conhecidos, datados, individualizados. A gnoma do trato pessoal, que informava o contrato de trabalho individual, rolou do seu pedestal como estátua de político em desgraça. Para reinventar o trabalho como fator da produção, o primeiro golpe foi desfechado pela automação. Depois, seguiu-se o grave problema psíquico da rotina, no confinamento das fábricas e escritórios, gerando a frustração dos excluídos da grande festa da cultura humana. Em tal ambiente desenvolveu-se o *hooligan,* um tipo de indivíduo que não via razão para respeitar as regras da sociedade vitoriana. Depois de muito maltratado, ele quis dar uma lição aos membros das classes superiores: O *hooligan* é um produto da sociedade industrial" [7].

Por último, a telemática, criando o contrato de licença e sua respectiva lei, tornou possível contratar pelo computador, visando a um resultado a ser recepcionado pelas empresas sem o traço personalíssimo de sua realização. Aqui, as partes *(se é que elas existem)* podem ser pessoas indeterminadas ou indetermináveis e o trabalho ou a tarefa, como produto final a ser entregue à empresa, tanto pode ser esforço mental de uma pessoa como poderá ser de ente abstrato ou de uma máquina, de modo que o contrato, anteriormente um ato *inter vivos,* pode ser entabulado como um *ausente*.

---

(6) LEITE, Júlio César do Prado. *O acesso ao mercado de trabalho*. JTb Consulex, 776:10.

(7) Cf. WEHOSWSKY, Stephan. *O prazer da violência*, Humboldt, Boon, Inter Naciones, 66:16, 1993; v. também, ERDHEIM, Mario. *Sobre a origem da xenofobia e do racismo*, p. 8,

A figura chamada *softwareman*, autor de um programa, detém direitos de obra intelectual suscetível de venda, como produto final, serviço ou "mercadoria" que podem ser adquiridos por empresas. Na verdade, o programa ou a inovação cibernética *(layout chip)* é a parte que constitui, no programa de informática, a síntese mental do seu autor sem qualquer ligação empresarial de quem pretender usar sua obra. A Lei n. 9.609, de 19.2.1998, dispõe sobre a proteção da propriedade intelectual de programa computadorizado e sua comercialização. Tal proteção é idêntica à das obras literárias assim como no que diz respeito a seu autor ou autores quanto a mutilações, deformações, plágios e outras modificações do programa.

Para executar um contrato em tais circunstâncias é visível que a intenção da empresa não é apropriar-se do trabalho de outrem para si, enquanto pessoa física, ou de uma máquina, mas simplesmente do seu *resultado*, do produto final ou *programa*, que se realiza longe dos espaços das fábricas e dos escritórios.

Assim, a formação de contratos por computador tanto pode transparecer uma empreitada *(locatio operis faciendi)*, se o programa foi encomendado, com absoluta liberdade de atuação do seu autor, quanto pode aparentar uma oferta ou uma promessa ao público, estipulação a terceiros com a obrigação de entregar o resultado nas condições ajustadas. Em nenhum momento o oblato apropria-se do trabalho, da energia mental ou física do policitante, para configurar-se contrato de emprego ou contrato de trabalho subordinado. É um negócio civil com as tratativas e preliminares de uma policitação, de uma proposta capaz de unir, em dado momento, interesses divergentes, tais como o de quem vende e o de quem compra.

Com atualidade, pondera *Cesar Viterho Matos Santolim* que "as vendas através de máquinas programadas e especialmente a prestação de serviços bancários são exemplos bem elucidativos dessa forma de comportamento. O equipamento possibilita aos interessados... o contato entre vontades aperfeiçoadas por mecanismos convencionais, como, por vezes, coligado a outro equipamento análogo... desenvolvendo um processo volitivo, a partir de dados preordenados"[8].

No caso dos programas interligados o simples silêncio é a regra da manifestação da vontade do oblato. Na prática das bolsas de valores mobiliários e de mercadorias, os equipamentos operam contratos sem qualquer participação de vontade individual, na condição de agente e paciente.

Daí, certamente, a afirmação que causa estranheza de que tais contratos se formam entre *ausentes*[9].

O egrégio *Orlando Gomes* ensina que "para explicar a natureza jurídica do contrato de adesão recorrem alguns escritores à figura do *negócio de atuação*... como no caso de compra e venda de carteira de cigarros, mediante a introdução de determinada moeda em aparelho automático"[10].

---

(8) Cf. *Formação e eficácia probatória dos contratos por computador.* Saraiva, 1995. p. 28.

(9) Cf. SANTOLIM. *Formação e eficácia,* p. 29.

(10) Cf. *Contratos.* 8. ed. Forense, 1983. p. 143.

Outros avançam o raciocínio e afirmam que, no momento em que se introduz na máquina o cartão magnético ou a moeda, ocorreu um autocontrato e a situação negocial está aperfeiçoada, valendo para tanto as regras gerais contratuais.

As hipóteses não são novidade da Informática Jurídica, porque já *Cariota Ferrara*, ao estudar os *contratos de atuação,* reconhece que o fundador da teoria é *Manigk,* que distinguia entre os negócios simplesmente declarativos *(Erklêirungsgeschiifte)* e os negócios de vontade ou de atuação *(Erfolgswille),* visto que neste último caso a vontade opera "senza alcuna destinazione o direzione verso altri"[11].

A novidade ocorrente com a Informática Jurídica é, com certeza, a que nasce com a interligação de sistemas pré-programados, em que o negócio se realiza não entre pessoas datadas e conhecidas, mas entre máquinas ou equipamentos.

Entre proponente e proposto, a vontade que induz o consenso é simples negócio de atuação, cada qual consigo mesmo, ainda que visando a um interesse convergente. Nesse caso estão as máquinas bancárias ou banco 24 horas e os discos *Worms (write once read many)* em que a gravação feita pode ser repetida inumeravelmente por dias ou anos.

Em tais circunstâncias o conceito clássico de contrato de emprego perde os seus traços predominantes e característicos.

4. CONCLUSÕES

a) Os fatos sociais flutuam no grupo humano, inseparáveis como causa e efeito uns dos outros.

b) A reengenharia do contrato de trabalho criou seu processo socioeconômico de externalização *(out-sourcing),* em que o trabalho é prestado à empresa, não necessariamente na empresa.

c) As formas novas fazem o contraste com a estrutura jurídica sugerida pelas parêmias tradicionais.

d) O trabalho a distância, na atualidade, só é compatível com a Informática Jurídica, cujos negócios de atuação *(Erfolgswille)* afastam a possibilidade de aplicação das regras do contrato de trabalho subordinado.

---

(11) Cf. FERRARA, Cariota. *Il negozio giuridico ne,l diritto privato italiano.* Napoli: Morano, p. 241 e na nota 12 a referência à obra de Manigk.

OS MECANISMOS REEQUILIBRADORES DA DESPEDIDA ARBITRÁRIA

1. INFORMAÇÃO LIMINAR

A atuação inexorável das leis econômicas sobre os grupos humanos, notadamente os mais complexos e plurissegmentados, gerados no tipo de sociedade industrial, sugere observar o contraste entre o lógico e o concreto fenomenal, entre a pura análise teórica e a síntese histórica das relações humanas.

Notara *Alfonso Ruiz Grijalba*, quando estudou "el contrato de trabajo ante la razón y el derecho", que, soltos, os fenômenos sociais tendem ao hedonismo que insufla no ser humano o máximo de satisfação com o mínimo de dispêndio, cavando um *gap* de difícil preenchimento entre aproveitadores e aproveitados, não fosse, na feliz expressão de *Rudolf Wiethölter*, "a fórmula mágica do Direito"[1].

Ao lado de escolas e sistemas, que buscam a interpretação de uma ordem de fatos humanos ou tentam conclusões gerais e uniformes, interfere o espírito do povo, refletindo tendências e aspirações que ampliam o feroz dualismo do Capital e do Trabalho, dificultando soluções duradouras.

Nos dias atuais, em que tanto se fala paradoxalmente dos *excluídos* numa sociedade que se jacta de ser a"sociedade do trabalho", tudo leva a admitir que a "questão operária" ainda está em fase incandescente, deixando, no termo lembrado, o diálogo inconcluso dos detentores dos meios de produção e dos despossuídos de quaisquer recursos de subsistência, senão de sua própria força-trabalho.

A questão mais se agrava quando certas fórmulas de sobrevivência aparecem no compósito social, anunciando mirabolantes respostas amortecedoras da crise econômica entre os que organizam sua atividade nos moldes capitalistas e os contingentes proletários.

Muitas vezes essas respostas artificiosas tomam variados nomes que alternam de microempresa a terceirização, de flexibilização a autorregulação das relações

---

(1) Cf., do autor. *As teorias da utilidade e os fundamentos da ciência econômica*. Salvador, Imprensa Oficial do Estado, 1961. p. 17; EUCKEN, W. *Cuestiones fundamentales de la economia política*. Trad. Illig Lacoste. Madrid: Revista de Occidente, 1947. p. 325; GRIJALBA, Alfonso Ruiz. *El contrato de trabajo ante la razón y el derecho*. 2. ed. Madrid: Ed. Francisco Beltrán, p. 23; WIETHÖLTER *apud* PALOMEQUE, M. Carlos. *Derecho del trabajo y ideología*. Akal, Editor, 1980. p.9.

industriais, de robotização a informática, de controle da qualidade total ao mais despudorado imoralismo administrativo.

Em dado momento, por inevitável ao convívio social, o próprio Direito se acumplicia a essas fórmulas e se compraz da criação de certos termos indeterminados, ambíguos, artificiais, que ajudam a apanhar situações e deixar escapar outras tantas.

Em verdade, na dilucidação desse grande, intrincado enigma humano, compete perguntar, como faz o professor *André Tunc*, que destino merece um contrato se após a sua conclusão as circunstâncias econômicas o modificam?

Será inafastável ter à conta de tais acasos a imprevisão das partes ou admitir imutável o contrato ante a variação econômica e monetária?

Não será ilusório, nesta última hipótese, atribuir ao princípio *pacta sunt servanda* um simples valor moral[2]?

2. O DIREITO COMO LIMITE NEGATIVO À DESEJABILIDADE HUMANA

Já se sabe que a própria vida em sociedade supõe limitações à liberdade individual, de sorte que a plena satisfação individual consiste, axiologicamente, no respeito às liberdades alheias em tudo semelhantes às de cada um dos membros do grupo humano. Nesse sentido, o Direito, enquanto Norma, representa um limite negativo das liberdades individuais, idealmente visto, ou uma técnica de acomodação coletiva, catalisador da Ordem Social, de modo que, cada um, no "perímetro social", encontre por si mesmo a sua própria realização. K. *Mannheim*, com acerto, observou que, por mais aceitáveis que sejam as ideias de consciência coletiva, de sociedade como um ser concreto, só o homem, enquanto indivíduo, tem necessidades e desejos; só o homem tem esperanças, temores, apetites. O limite negativo a tais desejos e esperanças é o Direito, já que na sociedade, como é organizada, não dispõe cada um de autolimitação dos próprios anseios[3].

É nisso que se contém a noção de Ordem Social que o Direito reveste e que assegura um lastro comum dos comportamentos individuais na imensa desejabilidade humana. Aqui, pois, os negócios jurídicos, por via do contrato — *expressão máxima da realização humana* —, são instrumentos de certa ordem econômica e social, manutenível enquanto bem servir à convivência pacífica.

---

(2) Anais das III Jornadas Luso-Hispano-Brasileiras, Salvador, maio 1984, discurso de abertura (do autor). DAHRENDORF, Ralf. *A sociedade do trabalho*. Humboldt, n. 46, p. 86-9, e n. 47; do autor Os caminhos da terceirização. *Jornal Trabalhista*, Brasília, n. 416, ago. 1992; idem, 3 estudos; A teoria da adaptação do contrato no direito do trabalho, p. 11, de referência ao Prof. André Tunc, no prefácio à obra de Mostapha Mohammed El Gammal, *L' adaptation du contrat aux circonstances économiques*. Paris: LGDJ, 1967.

(3) MANNHEIM, Karl *apud*, do autor, *As teorias da utilidade...*, p. 41.

3. A FUNDAMENTAÇÃO DOUTRINÁRIA DOS MECANISMOS REEQUILIBRADORES

Para tentar a fundamentação doutrinária na elaboração legislativa surgem brilhantes teorias, algumas visivelmente ligadas a dialéticas, outras em busca de uma base científica descompromissada com o homem enquanto indivíduo. Todas, aliás, todas elas terminaram em catástrofes epistemológicas, devidas, com certeza, à dificuldade de distinguir, no Direito, o filosófico e o científico, a teoria pura e o sociologismo como polos de atração doutrinária.

Entre esses extremismos a bela travação do pensamento de *Maurice Hauriou* ainda oferece excelentes subsídios para a compreensão do antagonismo fatal da Razão e da Vontade, bem expresso no dilema de *Brisard*: "... *Ici, j'hesite entre mon coeur et ma raison. — Mon coeur crie: Non! Non! Mais que va dire la froide logique?*"[4].

O "Bergson do Direito", como o qualificam muitos escritores, começa por dizer que o fundamento do *deverser,* da lei moral, não está na consciência do indivíduo e, muito menos, na sociedade. É preciso encontrá-lo numa "*realité exterieure à laquelle l'espèce humaine se soit adaptée plus ou moins completement*"[5].

Hauriou pondera que o homem busca adaptar-se a essa regra moral exterior e superior, mas, desgraçadamente, não o faz por inteiro, porque existe um permanente desencontro entre a Razão e a Vontade que resiste a essa adaptação, a essa convergência. Desse conflito resulta um estado de moralidade instável, que dificulta a adaptação completa à regra moral inicial.

Dir-se-á que, à medida que a Razão edita normas hipotéticas, orientadas para o ideal intuído, nem sempre a liberdade individual para esse ideal se orienta. Em dada Ordem Social esse ideal será tanto mais perfeito quanto estiver mais próximo do Bem, da Lei Moral Objetiva, cujo acesso somente será possível pela liberdade de escolha[6].

Segue-se daí que, no pensamento do Mestre de Toulouse, todas as ordens sociais impostas, violadoras da liberdade individual de escolha, são falsas, e, consequentemente, imorais. Negada a liberdade em qualquer Ordem Social, a passagem para o modelo ideal está definitivamente dificultada, embora a ideia de Justiça, deduzida da liberdade de escolha, em cada estágio da vida social, represente um valor revolucionário de mudança.

---

(4) *RT, passim,* trabalho do autor.

(5) HAURIOU, Maurice. Aux sources du droit. *Cahiers de la Nouvelle Journée,* n. 23, p. 28; REALE, Miguel. *Fundamentos do direito.* 2. ed. Revista dos Tribunais: Universidade de São Paulo, p. 215; v. Pe. ÁVILA, Francisco Bastos de Ávila. O neopositivismo de Jacques Monod. *Carta Mensal,* n. 208, jul., ano XVII. Sobre Bergson, v. o *Tratado de metafísica* (de George Gusdort). trad. Pinto de Carvalho. São Paulo: Nacional, 1960.

(6) V. do autor, *3 estudos.*

De outro modo não se compreenderia como foi possível humanizar, no sentido de aperfeiçoamento e de progresso moral, as instituições do senhorio feudal menos rígidas no século XII, bem como menos impiedoso o patronato industrial do século XX em relação ao do século XIX[7].

A Justiça, como valor revolucionário, está sempre preparando mudanças ou adaptando a norma inflexível à realidade das soluções casuísticas que mais se aproximam do intuitivo pauliano do *Bonus et Aequum*. Quanto mais a Justiça salva a liberdade de escolha, como pedestal das relações jurídicas, tanto mais democrática é a base da Ordem Social.

Apesar de que, em certos momentos históricos, na Ordem Social ocorra a hipertrofia de normas *a-individuais* sobre a ideia de Justiça, não haverá nenhum ordenamento social que melhor realize a ideia de Justiça do que a sociedade democrática.

4. A RAZÃO E A VONTADE NO DIREITO DO TRABALHO

Tomadas essas admiráveis lições ao nível das relações jurídicas do trabalho, no que tange, especialmente, à proteção contra a despedida arbitrária, é de ver que o Direito nasce como expressão de ideias diretoras, afetadas de poder em torno de um vínculo social básico, ou, na definição do ilustre G. Renard, "da comunhão dos homens em torno de uma ideia"[8].

Seja pela fonte reveladora mais cogente, que é o Estado, seja por meio de outras instituições, transparece em todas a ideia germinativa da *vontade de poderio,* impondo a ideologia que a configura.

Tentando explicar o difícil passo, *Hauriou*, comentando o sociologismo de *Léon Duguit*, observa: "... a regra jurídica não emana dos fatos, do mesmo modo que as leis físicas decorrem dos fenômenos físicos; eis que aquela é sempre o resultado de um poder que, em certa medida, a impõe às forças sociais... O Direito não reina por si mesmo, senão que em toda norma é indispensável procurar o poder que a editou"[9].

É assim que G. Renard explica o dualismo entre o contrato — *expressão da liberdade individual* — e a instituição que limita a liberdade de contratar através da convenção coletiva, pelo contrato coletivo, pela atividade sindical, que exprimem com mais clareza as necessidades socialmente sentidas.

---

(7) V. do autor, *3 estudos*.

(8) V., também, SIEGFRIED, A. et al. *Progresso técnico e progresso moral*. Lisboa, Publicações Europa-América, texto integral das Conferências nos Encontros Internacionais de Genebra, s.d.

(9) V. do autor, *3 estudos*. cit. Cf. MARTINS, Ildélio. *Sobre o sociologismo jurídico de Hauriou*. Separata da RT. 228:16-22, out. 1954. Sobre G. Renard, v. o belo trabalho de Edgar de Godoi da Mata Machado. *Conceito analógico de pessoa aplicado à personalidade jurídica*. Belo Horizonte: Sociedade Mineira de Cultura, 1954.

Amadurecida entre nós a dialética do economicamente fraco, a CLT reuniu nas suas linhas mestras os mecanismos de contenção da despedida arbitrária de maneira muito realista, pelo elenco de justas causas e pela estabilidade no confronto com as forças econômicas. Tais forças provinham de um capitalismo emergente com "vontade de poderio" suficiente para esmagar a autonomia da vontade individual[10].

O momento histórico propicia, no cenário socioeconômico brasileiro, um conceito reequilibrador entre os que detêm os meios de produção e a massa operária que dispõe apenas da força-trabalho.

A velha CLT demolia paulatinamente o antigo regime jurídico do liberalismo econômico e preparava o advento de um sistema jurídico formado à base de uma liberdade de contratar adaptada às circunstâncias do ciclo econômico.

O empregado em *minoridade social* era o tutelado da lei, o protegido pela fórmula jurídica da estabilidade, quando não estivesse, em outras circunstâncias, indenizado pelo dano sofrido com a despedida injusta.

Na verdade, o sistema instituído barrava os ímpetos da vontade empresarial no desfazimento arbitrário da relação de emprego. Na impossibilidade do restabelecimento das relações jurídicas de trabalho, pela reintegração ou pela readmissão, o prejuízo sofrido era reparado pelo denominador comum de valores que até hoje não encontrou melhor substitutivo: o pagamento em dinheiro, como expressou, incisivamente, *Waker*: "[...] É evidente que, falando restritamente, não há equivalência entre o dano moral e a compensação em dinheiro. Mas é também evidente que, salvo recurso ao princípio da retaliação, a indenização pecuniária, ainda que às vezes inadequada, constitui a única satisfação que a lei pode oferecer"[11].

Entre nós o sábio *Carvalho de Mendonça*[12] também justificava a reparação monetária: "[...] É sempre o dinheiro que poderá reduzir as aflições do ofendido, colocando-o em condições de obter comodidades, não equivalentes ao mal sofrido mas, em todo caso, capazes de atenuá-lo".

Tal *conceito-válvula* no sistema consolidado funcionou satisfatoriamente. Não encontrou restrições na Constituição Federal de 1946, resistindo às mudanças institucionais entre 1964 e 1966, quando a *vontade de poderio* criou o FGTS.

---

(10) Cf. do autor, Os tribunais do trabalho na República. In: *O direito na República*. Contribuição da Academia de Letras Jurídicas da Bahia às comemorações do Centenário da República. Patrocínio do Congresso Nacional. Centro Gráfico do Senado Federal, 1989.

(11) WAKER. *American law*, p. 569, *apud* do autor. A polêmica da indenização do dano moral e seus reflexos no direito do trabalho. In: *Estudos de direito do trabalho;* homenagem ao Prof. Júlio A. Malhadas. Curitiba: Juruá, 1992.

(12) Doutrina e prática das obrigações, n. 732 e s. V. do autor. A polêmica da indenização... In: *Estudos de direito do trabalho*.

5. O FGTS COMO OPOENTE DIALÉTICO DA ESTABILIDADE

O sistema pensado era um estilo socioeconômico novo, uma nova lei de reequilíbrio, visando a compatibilizar o *desenvolvimento econômico,* que gera o aumento do produto bruto, e a *justiça social,* que exige a valorização do trabalho humano e supõe a inviolável dignidade humana.

O FGTS representava, ao contestar a estabilidade que impedia a despedida imotivada, *a fórmula de procura* destinada a abalar o princípio de que a relação jurídica de emprego não pode mais transparecer uma *relação permanente*[13].

Chegou-se mesmo a pensar, nos idos de 1967, no esvaziamento da Justiça do Trabalho, ao viger a Lei n. 5.107/66, com afirmarem alguns doutores que esta lei faria desaparecer a despedida como grande tema dos julgados trabalhistas. A afirmação foi exagerada, mas exprimiu, retoricamente, o efeito contestatário sobre o princípio da Permanência no emprego[14].

Estava assim, com o nascimento do FGTS, reinaugurado o comportamento empresarial de romper a relação de emprego quando lhe ditasse o arbítrio.

A noção de *permanência,* trabalhada pelo consolidador, foi sendo demolida pela lei nova ao influxo das críticas do empresariado sobre os limites impostos ao seu poder de decisão. Ao mesmo tempo, as falhas descobertas pelos juristas apontavam o sistema da estabilidade "como fator de irritação do empresário ante o empregado que se tomou inamovível e a jactância ou impertinência do trabalhador investido daquele direito excepcional"[15].

6. COMO FICOU O MECANISMO DE DEFESA DO OPERARIADO NA CONSTITUIÇÃO DE 1988

Tudo isso justificava a fratura do sistema consolidado e os anseios de uma sociedade tangida pelos ventos da aceleração tecnológica, como a indicar novos rumos nas relações industriais.

O advento da Constituição Federal de 1988 encontrou a questão aberta e, com elogiável espírito de cidadania, erigiu, sem fundamentos sólidos, a regra principal dos direitos sociais: "relação de emprego protegida contra despedida arbitrária ou sem justa causa..." (art. 7º, I).

O dispositivo é de eficácia contida, porque jungido a lei complementar que preverá indenização compensatória até hoje não cogitada. O texto foi um modelo

---

(13) Cf., do autor, Fundo de Garantia do Tempo de Serviço. In: *Curso de direito do trabalho;* homenagem a Mozart Victor Russomano (coord. Prof. Octavio Bueno Magano). São Paulo: Saraiva, 1985.

(14) V. do autor, *Jurisprudência iterativa do trabalho* (prefácio). Salvador: Benditina, 1967, contribuição do Instituto Bahiano de Direito do Trabalho.

(15) RUSSOMANO. In: *Curso de direito do trabalho,* p. 425.

de artificialismo jurídico, a julgar até pelas contradições com outros direitos resguardados na Constituição. Outras vezes oferece um conjunto vazio de significados, até mesmo para o intérprete de maior prudência.

A própria Confederação Nacional da Indústria sugere manter o dispositivo, mas o faz de modo ambíguo ao propor que a expressão "dentre outros direitos" seja extirpada, alegando que "a expressão é demasiadamente ampla, não define nada e, ao mesmo tempo, dá margem a toda e qualquer inclusão"[16].

É que a CNI já sabe que o dispositivo, como foi concebido, com ou sem a expressão repelida, é anódino, a partir de quando, ao prever indenização compensatória, já reconhece e admite a possibilidade do rompimento arbitrário do contrato, ainda que seguido da reparação de dano pela forma pecuniária.

Assim, o dispositivo é realmente fantasioso, não acrescenta forma nova ao texto consolidado e não contém qualquer *válvula de segurança* do emprego.

Já a Confederação Nacional de Diretores Lojistas, no mesmo diapasão da CNI, propõe, através de uma pesquisa de opinião, a permanência do dispositivo de modo simplificado. Há um descontentamento de 41,96%, enquanto 56,25% (pequena margem de diferença de 14,29%) aceitam o dispositivo constitucional sem qualquer sanção ao nível de nulidade do ato ou de compensação pecuniária, já que a Constituição Federal se orientou para o regime do FGTS, como indenização tarifada da despedida arbitrária.

Em verdade, o texto do art. 72, I, da Carta de 1988, foi redigido nas nuvens, sem qualquer consequência além de sua declaratividade, porque em evidente antinomia com o regime do fundo de garantia do tempo de serviço (art. 72, III). De igual modo firmou a regra de equivalência de direitos "entre o trabalhador *com vínculo empregatício permanente* e o trabalhador avulso" (art. 72, XXXIV).

Este último é mais um convite ao trabalho *parassubordinado,* autônomo, temporário, de *trabalhador-tampão,* substituto de conveniência, *yellow dog.*

Os dois dispositivos mostram que, basicamente, o constituinte de 1988 restabeleceu a faculdade do empregador de romper a relação permanente de emprego, seja mediante guia de FGTS, seja pela preferência pelo trabalhador avulso, terceirizado, de forte mobilidade e de substituição fácil[17].

No conflito, pois, entre a Razão e a Vontade, entre o hedonismo que comanda a atividade econômica e a ideia de Justiça Social, parece evidente que a Razão abona a proibição do despedimento arbitrário. Antes até, o legislador, aparentemente in-

---

(16) CNI, "Seminário sobre a Revisão Constitucional; conclusões e justificativas", Rio de Janeiro, 31 jul. a 12 ago. 1993.

(17) Anais das III Jornadas Luso-Hispano-Brasileiras, cit.; também "Movilidad dell trabajo" (marzo 1985), Ciclo de Mesas Redondas, Conferencia Española de Organizaciones Empresariales, M. Rodriguez Piero y Bravo Ferrer *et al.*, Madrid, Diego de León. V. também, propostas da Confederação Nacional de Diretores Lojistas, *A Tarde,* 19 jan. 1994.

clinado para a Justiça das Necessidades, terminou por instituir regras e princípios que não protegem a relação permanente de emprego, mas, ao contrário, enquanto o empregado bem servir e enquanto se mantiverem as mesmas condições contratuais.

Tal comportamento legislativo equivale a dizer que o contrato – *expressão mais alta da autonomia individual* – é um ato livre, cujas consequências se resolvem pela reparação pecuniária, jamais pela restauração do *statu quo ante* em que as partes se encontravam.

A Constituição Federal de 88, aceitando a antítese do FGTS, acabou a solução institucional pela estabilidade e pela reintegração. Deixou tudo no campo imprevisível da Vontade, cujo dano material ou moral acaba reduzido ao ressarcimento pecuniário, como antiga fórmula civilista.

As incursões desvairadas da terceirização, do trabalho temporário *parassubordinado,* a propaganda animada da microempresa, a reavaliação dos contingentes operários pelo TCQ - Treinamento em Controle de Qualidade, o incentivo à produtividade confirmam o realismo brutal das relações de emprego na *sociedade do trabalho,* ameaçada pela tecnologia e pelo desemprego.

7. CONCLUSÃO

O Direito, como ideal intuído da Equidade, acena para mecanismos de contenção do arbítrio empresarial, no sentido de dificultar o exercício impensado do despedimento arbitrário, injusto ou desmotivado e, na hipótese última de sua ocorrência, entregar ao ofendido comodidades que amenizem o mal sofrido.

É urgente que se atribua indenização compensatória, regulada em lei, acima da tarifada na Lei sobre FGTS.

Atualmente, mais que duvidoso, depois das Leis n. 7.839/89 e 8.036/90, o limite previsto no art. 10 do ADCT, além de referir-se a um percentual de lei revogada, é modesto para dificultar a despedida arbitrária.

Com efeito, o mecanismo de proteção do emprego deve corresponder a uma quantia, pelo menos, igual ao dobro do valor da conta vinculada do empregado, liberada com a guia de movimentação do FGTS junto à rede bancária.

Em qualquer caso de despedida sem justa causa e nas hipóteses de despedida *com motivo* ou *sem motivo* (aqui entendida a despedida decorrente do risco do negócio, de mudanças tecnológicas ou insucesso econômico independente de culpa do empregador), deve-se assegurar ao empregado despedido, sem liberação dos valores devidos, o privilégio da execução prévia.

Neste caso, a reclamatória seria iniciada, em razão do fato extraordinário da despedida, com a penhora ou medida acessória cautelar de retenção de bens destinados à reparação pecuniária do dano sofrido. A lei cuidaria de conjugar a prévia execução com a impenhorabilidade de certos bens (Lei n. 8.009/92) e o direito " de uso dos bens retidos ou penhorados em mãos do empregador".

A ISONOMIA HOMEM-MULHER E O TRABALHO GRATUITO

1. O Código Civil representou um grande passo na formação de nossa cidadania como ideia-chave do sistema democrático quando, no art. 2º, buscou equalizar, no plano da ordem privada, as pessoas, seus bens e suas relações na síntese feliz da expressão: "Todo homem é capaz de direitos e obrigações na ordem civil".

É verdade que, na causa final do texto, estava a intenção de mitigar o conflito homem-mulher, visto que, no plano da ordem pública, tanto na Constituição de 1824 quanto na de 1891, a isonomia convergia e apontava para a liberdade, a segurança individual e a propriedade[1].

Não foi sem razão que *Clóvis Bevilacqua*, no seu anteprojeto submetido à Comissão Revisora, usou a perífrase "todo ser humano", para avançar no tratamento das pessoas de sexos diferentes, humanizando as relações homem-mulher ante uma ordem privada altamente discriminatória que era aplicada, apesar dos Textos Constitucionais, das Ordenações Filipinas até o limiar do Código Civil, em 1916.

No "Parecer sobre a redação do Código Civil", *Rui Barbosa* criticou o circunlóquio e, vitorioso, explicou: "Por que 'todo o ser humano' e não 'todo homem'? Haverá ser humano que não caiba na expressão geral da espécie *homem*? O cód. civ. porto (art. 12) diz: 'Só o *homem* é suscetível de direitos e obrigações'. O alemão (art. 12) reza igualmente: 'A capacidade jurídica do *homem* (Menschen) principia, quando ele acaba de nascer'. Da mesma forma o anteprojeto do Cód. Civ. suíço, art. 1º: 'Tout *individu* jouit des droits civils'"[2].

No direito anterior, a despeito de a Constituição Imperial inscrever, no art. 179, inciso 13, que "a lei será igual para todos", a ordem civil não experimentou avanço igualitário, como bem atestam as Ordenações do Reino e a Consolidação das Leis Civis de Teixeira de Freitas, que acolheram, entre inumeráveis restrições à capacidade da mulher, o benefício veleano, ao considerar a fraqueza do seu enten-

---

(1) *Constituições do Brasil*, coletânea de Pinto Dantas Junior, Imprensa Oficial da Bahia, 1937.

(2) BARBOSA, Rui. Parecer sobre a redação do Código Civil. In: *Obras completas*. Rio de Janeiro, Ministério da Educação e Saúde, 1949. v. 29, t. 1, p. 32.

der, até chegar ao Código Civil, em 1916, consagrando um elenco de incapacidades à mulher, sobretudo casada, para os atos da vida civil[3].

Em outro passo, o Código Civil, trabalhando a ideia democrática da igualdade, não conseguiu transpor a barreira da discriminação, rendendo-se à diferença gerada pelo sexo numa dezena de dispositivos que a paciente pesquisa do prof. *José de Farias Tavares* assim elencou: "art. 36, parágrafo único; art. 183, XII, XIII, XIV; arts. 213, 224, 225, 233, *caput e* incisos II e III; arts. 234, 235, 236, 237, 238, 239, 240, *caput e* parágrafo único; 247 e parágrafo único; 248, 249, 250, 251 e seu parágrafo único; 252, 253, 254; 255, parágrafo único e II; 260, 263, 274, 275, 277, 1;289,290,292,293,1;295,1;296,297, 298,299, §§ 12,22,32; arts. 300, 303, 304 e parágrafo único; 305, 11 e parágrafo único; 307, 308, 309, 310, 311; 339, I; 340, I; 343, 344, 346, 370; 380 e parágrafo único; 383, 385, 393; 407, 408, 409, 414, I; 447, I; 462; 1.538, § 2º; 1.548; 1.579, 4 § 1º; 1.744, III; 1.745, III"[4].

Mas esse quadro antigo e obscuro vai alterar-se com o despontar da América como uma civilização, quebrando tabus e desafiando estruturas persistentes com o seu admirável progresso tecnológico. Ajudaram a esboçá-lo as revoluções científicas entre duas guerras catastróficas que permitiram pensar e utilizar o imenso potencial do trabalho feminino na obra comum da produção.

Contudo, a essa evidência que as guerras propiciaram, a subutilização de sua capacidade, desgraçadamente, criou a questão social da mulher, pelo salário que não recebe por trabalho substancialmente igual.

Agravou-se ainda mais a questão operária feminina, a partir de quando estruturas sociais, fundadas em políticas econômicas injustas, aumentaram o *gap* entre o campo e a cidade.

A consequência brutal dessa estrutura foi o incontrolável contingente de mulheres desocupadas, formando um segmento terciário da sociedade humana de selvagem exploração, desde o trabalho gratuito, criador de riquezas, até a simples ocupação pelo negócio lucrativo do sexo, do lenocínio, da porneia desabrida, que ampliam a liberdade de ação dos exploradores e, ao mesmo tempo, agridem a cidadania da mulher[5].

2. Ao lado desse quadro sombrio há, igualmente, uma convergência de fatores que pioram a situação da mulher, entre os quais a aceleração científica, o aparecimento da organização virtual, o desgoverno da natalidade, a condescendência do Estado no aproveitamento criminoso da mulher e de sua capacidade de trabalho.

---

(3) Cf., do autor, O pensamento tópico de Teixeira de Freitas à face das Ordenações Filipinas e da formação do direito privado brasileiro, 1983, monografia apresentada ao ILBDC, Rio de Janeiro, publicada na *Revista de Ciência Jurídica*, n. 42, Salvador: Ciência Jurídica.

(4) TAVARES, José de Farias. *O Código Civil e a nova Constituição.* 2. ed. Rio de Janeiro: Forense, 1991. p. 6.

(5) Cf., do autor, O trabalho como discriminação da mulher, *Revista do TRT*, 5ª Reg., n. 10, p. 52, 1991, v. também MENEZES, Djacir. Pornografia e pedagogia progressista. *Carta Mensal*, n. 207, ano 17, 1972.

Os constitucionalistas, à frente deles o sábio *Luiz Pinto Ferreira*, reconhecem que a igualdade jurídica foi alcançada, com muito mais eficiência do que a simples declaratividade de que todos são iguais perante a lei.

A Constituição Federal de 1988, transportando para a ordem pública o princípio de igualdade do Código Civil, estabeleceu, com ênfase, que "homens e mulheres são iguais em direitos e obrigações, nos termos desta Constituição" (art. 5º, inciso I).

O princípio cardeal da Constituição deixa claro que a lei existente, pelo princípio da recepção, e a lei a ser elaborada estão ancoradas na igualdade de direitos e obrigações, como um aviso luminoso ao legislador ordinário de que a isonomia proclamada pela Lei Fundamental é um limite à atividade do poder legisferante[6].

A Constituição de 1988 foi a mais explícita de todas as nossas Cartas na defesa da igualdade jurídica, proclamando a cada passo a demolição do sistema da discriminação em razão do sexo, ao firmar, no art. 5º, a igualdade perante a lei, "sem distinção de qualquer natureza".

Foi terminante ao fixar, no art. 7º, inciso XXX, a "proibição de diferença de salários, de exercício de funções e de critério de admissão por motivo de sexo...". Quando distinguiu, fê-lo expressamente nos termos da Constituição, pelo que, em razão de sexo e de trabalho, o ser humano, portador de direitos e obrigações, deve ter igual tratamento e iguais oportunidades.

Também criou, no Título dos direitos e garantias fundamentais, o art. 5º, inciso III, de sorte que "ninguém será submetido a tortura nem a tratamento desumano ou degradante".

No art. 6º, incluiu entre os direitos sociais o do trabalho, ao lado dos relativos à educação, saúde, lazer, segurança e previdência social, na forma da Constituição.

Deu especial ênfase ao salário como prestação de serviço, deixando ínsito que não haverá trabalho gratuito, forçado, oculto ou invisível, posto que, *argumentum e contrario* do art. 5º, inciso III, estaria permitindo "tratamento desumano e degradante" da pessoa humana[7].

Não há, pois, o que avançar mais no postulado da Lei Fundamental sobre igualdade jurídica e seu limite ao legislador ordinário, em termos de tratamento das pessoas por motivo de sexo.

3. Contudo, na prática laboral há que se pesquisar um ponto não disciplinado devidamente pelo legislador. É o relativo ao trabalho gratuito, tanto na cidade como no campo, seja através do trabalho de equipe familiar, seja pela atividade desenvolvida, sem salário, na função complementar, adjutória, ao esposo e ao companheiro.

---

(6) FERREIRA, Luiz Pinto. *Princípios gerais de direito constitucional moderno.* 4. ed. São Paulo: Saraiva, 1962. t. 2, p. 486-90.

(7) *Idem*; V. TAVARES, José de Farias. *O Código Civil e a nova Constituição,* p. 9.

Com a prática da terceirização, com o crescimento de atividades parassubordinadas e adventícias do contrato de trabalho, ocorreu uma evolução rápida do trabalho em domicílio, da microempresa e da miniempresa familiar, envolvendo o trabalho da esposa ou companheira e, de resto, a família do obreiro e chefe do grupo familiar.

O incremento das atividades de pequeno porte ou "laboratórios domésticos" passou a interessar às grandes empresas, que passam a funcionar como centros de interesses de "satélites", que executam funções complementares e ajudam na linha de produção, mediante o pagamento de salário ao chefe da unidade familiar mas cobrindo trabalho gratuito da mulher, da filha e outros componentes do grupo familiar.

A crise do desemprego e a formação de "células" de trabalhadores autônomos que realizam tarefas antes subordinadas têm aumentado o trabalho invisível da mulher ao lado do marido ou companheiro na faina laboral da produção de riqueza apropriada, a final, pelo empresário.

A indústria da confecção, mediante o trabalho gratuito de quem vive sob o mesmo teto, sustenta um alto comércio de produtos finais nas lojas, *shopping centers*, magazines, que se abastecem com trabalho gratuito.

Na atividade econômica direta do chefe de família, na qualidade de *trabalhador autônomo,* as funções domésticas se mesclam às funções de cooperadora sem remuneração. A atividade desenvolvida supõe apropriação de trabalho alheio sem o correspectivo do salário, sem qualquer possibilidade jurídica de absorver, no trabalho doméstico, a atividade econômica muitas vezes realizada extralar, em butiques, bazares, barracas, "bancas", lanchonetes, bares e restaurantes, na própria residência ou em imóvel apartado.

Reconhece a Organização Internacional do Trabalho que o potencial do trabalho feminino, seja o efetivo, seja o "subterrâneo", começa a transformar as relações industriais em todo o mundo.

Desde 1944, o organismo internacional estabeleceu o princípio da não discriminação de forma lapidar, ao determinar na sua Constituição que "todos os seres humanos, sem distinção de raça, credo ou sexo, têm direito de procurar seu bem-estar material e seu desenvolvimento espiritual em condições de liberdade, dignidade, segurança econômica e iguais oportunidades"[8].

Em 1958, a Conferência Internacional do Trabalho procurou ampliar a diretiva da Declaração de Filadélfia, de 1944, buscando instrumentos mais amplos para proteger trabalhadores contra desigualdades por motivo de raça, cor, sexo, religião, opinião política, ascendência nacional e origem social (etnias e minorias raciais). Adotou a Convenção n. 111 e a Recomendação n. 11, instrumentando entre os países-membros a lei áurea da não discriminação em virtude de sexo.

---

[8] V. do autor, O trabalho como discriminação da mulher. Revista cit. Cf. *El trabajo em el mundo,* Genève, OIT, 1985.

Outros instrumentos internacionais seguiram-se, em 1975 e 1979, sobretudo a Convenção n. 156 e a Recomendação n. 165, já no ano de 1981, sobre trabalhadores com responsabilidades familiares.

Em todas as hipóteses estudadas o pressuposto é o emprego que precisa ser conciliado com a função familiar de homens e mulheres casados ou com a responsabilidade de unidades familiares.

Não se avançou suficientemente no sentido das atividades não remuneradas das mulheres na formação do PIB nacional.

A subestimação é mais acentuada na agricultura e na agroindústria dos países em desenvolvimento. Aqui fica mais difícil saber o papel que representa o trabalho feminino na formação do produto primário pelas peculiaridades do trabalho no campo, no tocante a preparar comida, transportar água, cooperar na atividade produtiva e conciliar essas tarefas com o trabalho de preparo do lar, atividade que consome de doze a dezesseis horas diárias.

A dificuldade de conceituar a participação feminina em tais casos na produção nacional foi abordada pela 13ª Conferência Internacional de Estatísticas do Trabalho, em 1982, pela qual "a produção de bens e serviços corresponde à produção e ao tratamento dos produtos primários, à produção de outros serviços para o mercado, inclusive o trabalho a domicílio e o trabalho para a sustentação do lar"[9].

Resta, pois, chegar à unidade de medida dessa participação mediante acordos coletivos ou negócios jurídicos consorciais, de empresa a empresa ou cooperativas que avaliem a participação do trabalho feminino, mediante cálculo da avulsidade ou trabalho econômico subordinado sob forma larvada ou parassubordinado.

A metodologia da ISO, que tantos benefícios tem proporcionado até mesmo ao meio ambiente (ISO 14.000), pode ser a fórmula de procura que tire a limpo o pagamento de salário às mulheres na produção primária e de produtos intermediários e finais para a indústria, sob pena de o produto oferecido pela microempresa consorciada não ser aceito no mercado consumidor.

4. As conclusões são as seguintes:

A igualdade jurídica entre homens e mulheres já está bem esboçada nas Constituições modernas e nas Convenções da Organização Internacional do Trabalho, mas ainda fica distante o dia em que a igualdade com homens seja encontrada no esforço comum da produção.

O próximo decênio (1996-2006) será marcado por metodologias mais eficazes na promoção dessa igualdade e no pagamento do esforço físico ou mental da mulher na produção econômica e na sustentação do lar.

Trabalho e cidadania são termos da equação do bem-estar social, de sorte que trabalho não pago supõe tratamento degradante, que ofende a dignidade do ser humano, *alma mater* da cidadania.

---

(9) Cf., do autor, O trabalho. *Revista* cit. V. também SÜSSEKIND, Arnaldo. *Convenções da OIT*. São Paulo: LTr, 1994.